ICTで変わる

数学的探究

愛知教育大学教授
GC/html5 開発者
飯島康之 著

次世代の
学びを
成功に導く
7つの条件

JN032726

「ICTを使うだけの授業」から
使いこなす授業へ!

明治図書

はじめに

　2021年4月に，国内のほとんどの小中学校で，そして一定の数の高校で，タブレットPCが1人1台の道具になりました。これはとても大きなチャンスです。

　これまで変えたかった様々なことが提案・試行錯誤・取捨選択され，次の時代のための標準が確立していく。本当はもっと時間をかけるはずのことが，一気に加速されていく。混乱やトラブルもあるでしょうが，10年後に振り返れば，間違いなく大きな分岐点として認識されるはずです。

　この変革の中で，私たち数学教育にかかわる者は，どういうスタンスで取り組むのがよいのでしょうか。

　私は30年ほどGCという図形のソフト開発・教材開発・授業研究にかかわってきましたが，シンプルに「数学らしさ」と「よい授業」にこだわることにつきると思います。

　数学の一番の特徴は，知識やスキルよりも，思考そのものに本質があります。例えば，電卓は日常生活に浸透していますが，算数・数学では定着していません。数学らしい思考を生み出す道具になっていない，あるいはそれを妨げるものになっていると私たちが認識しているからです。では，ICTはすべて数学的な思考の妨げであって，伝統的な学びに徹すればよいのでしょうか。

　ICTは教具の発展です。生徒に合わせて先生方が教具

を工夫するように，工夫次第で生徒が実感する数学は変わります。一方 ICT は教具とは比べ物にならないくらい思考を大きく変えます。既知の望ましい数学的思考を実現するだけでなく，未知の数学的思考が生まれる場所でもあります。それを設計・分析・検討しながら数学の授業について考えるうえで，本書では「数学的探究」という言葉を使っています。生徒にとって望ましい「数学的探究」とは何か。これが ICT 利用の一つの視点になると思うのです。

　もう一つ，日本独自の教育文化として，授業へのこだわりが大切です。オンラインで新しい授業の可能性も生まれてきました。でも，多くの学校で対面授業にこだわった最大の原因は，リアルな教室で取り組む授業の魅力であり，価値ではないでしょうか。個別の学びを実現する手段は ICT により拡大しています。それでも集団で集まって時間を共有し授業をする価値はどこにあるのでしょう。

　日本の先生方は明治以降それにこだわり，授業研究の文化を継承してきました。もちろん，日本の伝統的な授業には，良い点も悪い点もありますが，違う学びの可能性が広がってきたからこそ，授業としてこだわるべきこと，残すべきことは何かを改めて探究していく中でこそ，Society 5.0時代における教育のあり方や，専門職としての教員の仕事の魅力が具現化されていくのではないでしょうか。

　そこで本書では，まず INTRODUCTION の中で，GIGA スクール構想などの変化への構えについて述べています。そして，CHAPTER1では ICT の存在によって，

数学や授業を考えるきっかけや視点がどう生まれているのかを素描してみます。CHAPTER2では，私たちにとってICTは何をしてくれるべきものなのかを素描してみます。

　2021年4月から私たちの手元に届くのは1人1台のタブレットPCです。私と本学附属名古屋中学校の先生方にそれが訪れたのは2010年のことであり，この10年ほどタブレットPCはどんな数学と授業を実現してくれるかに取り組んできました。タブレットPCに関して実感したことをCHAPTER3にまとめています。授業の中での生徒たちの学びについて実感したことをCHAPTER4にまとめています。

　実際に先生方が動き出そうと思ったとき，ソフトの選択や教材研究，そして授業の実践や振り返りなどが必要になるはずです。私のホームページもぜひ活用してください。

　CHAPTER5では教科書の問題について検討します。ICTは教具であるとともに，生徒の活動や思考そのものを変えます。何をどう変えるかを実感せずに使うと，木に竹を接いだような授業になってしまいます。GCは動的な見方・考え方を具現化しているので，静的な見方・考え方とのかかわりとの違いなどを考慮すると何を意識化すべきかを具体的に示しています。このような教材研究を，より多くの教材に対して広く・深く行っていくことが次のステップになりますが，CHAPTER6では，そのための基本的な視点を挙げています。

　「よい授業」にはいろいろな基準があると思います。現実にはICTを使っているものの，とても授業とはいえない

レベルになってしまっていることもあります。授業の専門家としての皆さんから，一般の方々が納得する基準や事例をいずれ示すことが必要です。私は，本書では「ライブ感のある授業」という言葉で表現してみました。そして，そのための基本的なスタンスをCHAPTER7でまとめました。

　上記を深め，具現化する豊富な教材研究と授業研究が必要です。代表的なものを，いくつかCASE STUDYとして収録しました。教材研究の中で生徒がどんな活動をし，どんなことを考えるはずか，そこで教師は行動の選択肢として何をもつかなどを検討する様子を実感していただきたいと思います。指導案はつくるけれども，授業は生徒があってこそのライブ。臨機応変の対応とは行き当たりばったりとは違います。生徒の活動の観察・解釈と意思決定の連続です。その様子は会話記録だけでは決してわかりません。当事者として考えたこと，感じたことをまとめる形で授業の実際をまとめてみました。

　教材研究や授業研究を，ぜひ，いろいろな機会に一緒に深めながら，2030年に向けたこれからの10年で次の時代の数学教育を築いていければと願っております。

　本書は，多くの先生方とのコラボがあって生まれました。愛知教育大学，上越教育大学附属学校の皆様。馬場英顕先生，地曳善敬先生をはじめとする多くの先生方に，心から感謝申し上げます。

CONTENTS

はじめに

INTRODUCTION

なぜ，今，数学的探究なのか

0.1	次世代の学びが必要だ！	012
0.2	算数・数学の学習過程のイメージが示すメッセージを受け取る	014
0.3	コロナ禍，GIGA スクール構想を変化へのチャンスとする	016
0.4	受け身の学びを個別最適化していくインフラとして ICT を用いる	018
0.5	対話や探究を支援するために ICT を用いる	020

CHAPTER1

探究とは何かを実感する

1.1	筋書きとは少し違う授業を経験する	024
1.2	一つの問題に長く取り組む経験をする	026
1.3	思考の「サイクル」に注目する	028
1.4	問いの連鎖と深まりに注目する	030
1.5	観察と問いのかかわりを具体例で実感する	032

CHAPTER2

探究を支援する道具を理解する

2.1	ICT を学びの道具として位置づける	042
2.2	省力化の向こうにあるものを見据える	044
2.3	わかりやすい解説の向こうにあるものを見据える	048
2.4	体験を変える仕掛けとして ICT を用いる	050
2.5	探究を設計し具現化する仕掛けとして ICT を用いる	052
2.6	体験していないことはわからない	054

CHAPTER3

タブレット PC で学びを変える

3.1	タブレット PC の特徴を知る	056
3.2	対話と探究を支援する道具としてタブレット PC を用いる	060
3.3	いつでもどこでもタブレット PC を使えるようにする	061
3.4	教育用ソフトのあり方を広げる	063

CHAPTER4

グループの学びに任せる

4.1	1つの GC の画面で4人が学び合う魅力を感じる	066

4.2　発表の準備や教え合いとは別のものをグループに求める　　067

4.3　「集まりたいから集まる」ようにする　　069

4.4　自分たちの感覚に則した疑問・仮説を主体的に検討する　　071

CHAPTER5

教科書の問題を探究してみる

5.1　教科書の図形の問題を動的に探究してみる　　076

5.2　四角中点を探究する　　078

5.3　円周角の定理を探究する　　085

5.4　等積変形を探究する　　094

CHAPTER6

探究のための教材研究をする

6.1　すべての子にチャンスを与える　　102

6.2　数学のよさを実感できるようにする　　107

6.3　図を工夫しながら発問を変える　　109

6.4　思考のサイクルを生み出す　　113

6.5　ある程度のまとまりの課題をグループに任せてみる　　115

6.6　言語活動に注目する　　117

6.7　生徒の多様性を生かす　　119

6.8　メタ思考を生かす　　121

6.9　ストーリーをつくり主体的・主観的な問題にしていく　　**123**

6.10　フリーハンド，アナログ，デジタルを組み合わせてみる　　**127**

6.11　想定とは違う数学とのかかわりもあり得ると理解する　　**129**

6.12　デジタルとのつきあい方を考える　　**133**

CHAPTER7

ライブ感のある授業を準備する

7.1　スライドは生徒に合わせて作成する　　**136**

7.2　意思決定の連続を図る　　**138**

7.3　指導案は忘れ，目の前の生徒に合わせて行動する　　**140**

7.4　失敗を記憶に刻み，同じことが起こるリスクを避ける　　**142**

7.5　実践から学ぶ　　**147**

CASE STUDY1

探究のための教材研究の実際

CASE1-1　四角中点の類題　　**150**

CASE1-2　外心・内心　　**157**

CASE1-3　最短経路問題　　**164**

CASE1-4　PA＝2PB を満たす点 P の位置（アポロニウスの円）　　**172**

CASE1-5　あえてフリーハンドの作図を使った方がいい問題　　**177**

CASE STUDY2

探究に焦点を当てた授業の実際

CASE2-1　1992年の玉置実践（名古屋中学校）　　　　　　　　186
　　　　　―不可能の証明―

CASE2-2　2003年の公開授業（名古屋中学校）　　　　　　　194
　　　　　―正方形に内接する四角形の面積―

CASE2-3　2013年の研究授業（千郷中学校）　　　　　　　206
　　　　　― 2つの角の関数関係―

おわりに

なぜ，今，数学的探究なのか

0.1
次世代の学びが必要だ！

　学習指導要領解説では，改訂にかかわって，中央教育審議会の答申への経緯としての次の文章が述べられています。

　予測困難な社会の変化に主体的に関わり，感性を豊かに働かせながら，どのような未来を創っていくのか，どのように社会や人生をよりよいものにしていくのかという目的を自ら考え，自らの可能性を発揮し，よりよい社会と幸福な人生の創り手となる力を身に付けられるようにすることが重要であること，こうした力は全く新しい力ということではなく学校教育が長年その育成を目指してきた「生きる力」であることを改めて捉え直し，学校教育がしっかりとその強みを発揮できるようにしていくことが必要とされた。また，汎用的な能力の育成を重視する世界的な潮流を踏まえつつ，知識及び技能と思考力，判断力，表現力等をバランスよく育成してきた我が国の学校教育の蓄積を生かしていくことが重要とされた。

　私は2016〜2018年度の３年間，愛知教育大学附属高校の校長も兼任しました。

　入学式の式辞では，「10年後には，今ある仕事の半数がなくなると言われていますが…」という言葉からはじめ，**「AIを使いこなしたり，AIにはできないようなことができたりする力の基礎をつけていきましょう」**と語るようにしていました。そういう学びを仕掛けていきたいと，先生方の日々の実践を支援してきました。中教審の文章のような格調高いことはいえませんが，気持ちはかなり共通しているように思います。

　今までの学びが不要になるということはないでしょう。でも，今までの学びと同じままでは，次世代に通用するところまではいくはずがありません。

　各教科の目標及び内容は，「知識及び技能」「思考力，判断力，表現力等」「学びに向かう力，人間性等」の三つの柱で再整理され，目指すべき学びを表現する言葉として「主体的・対話的で深い学び」が掲げられ，各学校において取り組むべきものとして，カリキュラム・マネジメントが位置づけられています。

　そして，学校と社会は連携・協働しながら新しい時代に求められる資質・能力を子供たちに育む「社会に開かれた教育課程」の実現が目指されています。

　次世代に通用する学びをどうやって構築していくのか。そのために，様々なリソースをどう活用し，そして，自分たちの学校のカリキュラムを構築し，実施していくのか。それが今求められているといえるでしょう。

0.2

算数・数学の学習過程のイメージが示す メッセージを受け取る

　算数・数学では具体的にどういうものを目指すべきなのか。そういうときに，特に数学教育の中でよく言及されるのが，新しい学習指導要領に関する議論の中で示された，次の**算数・数学の学習過程のイメージ**です。

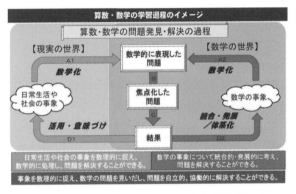

算数・数学の学習過程のイメージ（学習指導要領解説より）

　このイメージ図からどういうメッセージを感じますか？

　少なくとも，一定の量の問題の解き方を習得し，限られた時間の中で適切な答えを出すことだけが学校数学ではないというメッセージがあると思います。

　左側を強調すると，日常生活や社会の事象から生まれる問題を数学的に表現し，焦点化した問題を解決した結果を活用したり意味づけたりする，いわゆる数学の応用の様子

が実感されます。しかし，過去の応用とは少し違うのは，それはサイクルになっているということ。いわゆる数学的モデル化過程というものが，そこには表現されています。

　右側に注目すると，数学化されるのは日常生活や社会の事象だけでなく，数学そのものも大きな対象であり，しかもこちらもサイクルになっています。数学的思考のダイナミズムを記述する理論はいろいろありますが，きっとそういうものを想定していただくための枠組みになっていると思います。

　もちろん，このイメージ図だけですべてを語るのは適切ではないでしょう。しかし，**これからの数学教育の中で考える学びというものも，シフトチェンジしようとしている**ことは実感できると思います。

　このイメージ図に示されるような学びは，実はかなり前から研究されてきた存在でもあります。サイクルとして回ることが特徴的な数学的モデル化も，1980年代から様々な研究がなされてきました。

　でも，それを生徒に実感させたいと思ったとき，当時においては生徒自身がそれなりの数学の力をもっていて，取り組むための一定の時間と労力が不可欠でした。

　そのような障害を軽減できるなら，これからの数学教育では，それらに正面から取り組むことができる。そういうメッセージでもあるのではないでしょうか。

0.3
コロナ禍，GIGA スクール構想を
変化へのチャンスとする

コロナ禍という私たちが想定していなかったことが2020年に発生し，現在も様々な影響を与えています。さらに，これまでも進んできた社会構造の変化，つまりSociety 5.0とか，第4次産業革命などいう言葉で表現されてきたものが，今までの想定よりも加速されています。

そういう社会の中で活躍していくはずの生徒の未来も変わりつつあり，彼らの学びを考えるうえでも，未来から逆算し，どういう学びを実現すべきかを考える必要性が高まっているのです。オクスフォード大学のオズボーン博士らが2014年に**「10〜20年後にはアメリカの雇用者の半数の仕事が消えていく」**ことを示す論文を発表し，多くの学校の入学式や卒業式などでこれを引用しながら，新しい時代に向けた学びが必要であることが語られましたが，まさにその流れが加速されています。

また，学校教育でのICT 環境への大きなインパクトとして**GIGA スクール構想**があります。この構想は以前から計画されていましたが，予期せぬコロナ禍により，前倒して実施されることになりました。2020年度末には，ほとんどの自治体の小中学校で，1人1台のタブレットPCとWi-Fi が整備されているのです。

　この流れは，小中学校だけにはとどまりません。高校に
関しても，県の備品として整備していく計画や，BYOD
つまり生徒自身が購入し，持参してくることを前提とした
計画が様々な自治体でつくられ，2020年度内に整備が進
められてきたところがかなりあるのです。

　GIGA スクール構想の前倒しのねらいの一つは，コロ
ナ禍の非常事態においても子供の学びを止めないためのオ
ンライン授業などのインフラ整備だったと思います。しか
し，そのような緊急避難的な対処のための機器としてだけ
でなく，次世代の学びを構築していくための大きな転換期
として生かしていくチャンスとして使うことが大切です。
　実際，一気に導入される **GIGA スクール構想の機器をき
ちんと生かせる準備が教育現場でなされているか**というと，
非常に心もとないというのが実情ではないでしょうか。ハ
ード面だけ見ても，確かにタブレット PC は入るでしょう。
でも，全員が常時接続できる Wi-Fi 環境は大丈夫なのか，
充電などのための電源環境はどうか。クラウドシステムの
契約や運用，生徒用のアカウント発行や管理はどうするの
か。生徒の自宅への持ち帰りは許容するのか，クラウドへ
の自宅からのアクセスは許容するのかなど様々な課題があ
りますが，この一年，そのような問題への準備を学校や教
育委員会が行ってきた気配をあまり感じません。
　それらの問題への対処も含めた大きな変化を，今後 5 ～
10年で乗り越えていくべきなのです。

0.4

受け身の学びを個別最適化していく
インフラとして ICT を用いる

　最近，例えば**個別最適化**という言葉をよく耳にするように
なってきました。生徒の習熟の度合いがそれぞれ違うの
に，進んでいる子は待たなければいけないし，遅れている
子はわからないままに授業を受けなければいけない。それ
ぞれの子の習熟の度合いに応じた学びを ICT で実現し，
個別最適化していくことが一つのねらいになるということ
だと思います。

　確かに，これまでの学校教育の中でうまく対応できなか
ったことの一つです。**40人学級が35人になったとしても，
根本的な解決ではなく，それに前向きに対処していくには，
クラウドシステムとしての ICT は有望**です。

　あるまとまりの知識・スキルに対して，それを習得する
ためのテキストや動画などのコンテンツを，組織的に用意
する。時々評価テストを行うことによって，提示すべきコ
ンテンツなどを，その生徒に対して最適化する。そして，
最終的にクリアすべき評価基準を全員がクリアしていくこ
とを目標とするのです。ここでの**教師の役割は教えること
ではなく，生徒に寄り添って何を学ぶべきかをアドバイス
したり，励ましたりすること**などに変わるのでしょう。

　このようなシステムでは，**生徒の学習の様子そのものを記録・分析する**ことが可能になります。教師からのアドバイスだけでなく，それぞれの問題の難易度や知識・スキルを習得するための標準所要時間，あるいはコースウェアそのものの設計の評価など，様々なことをデータに基づいて行っていくことになるでしょう。

　いや，元々，これまでもそういう試みはずっと行われてきたともいえます。私たちが子供だった頃には，紙と電卓で行われてきました。受験にかかわるところから中心的にコンピュータが活用されるようになってきましたが，学校教育にかかわるところではかなりのことが紙のままで進められてきました。

　学校教育では教える行為は，先生に任されたままできましたが，予備校や塾の中では，オンデマンドビデオや教材での学びも増えてきて，自分に合わせた学びを生徒が選択するケースも増えてきています。

　このような**学びのシステムを構築するために，ICT を使っていく**というのも，一つの方法です。過去においては，そのような組織的な学びを可能にするのに不可欠な手段が近代的な意味での学校そのものでしたが，それは**オンライン上に違った形で提供可能な時代になった**ことを意味するともいえるのかもしれません。少なくとも，学校にとってもそのようなシステムをどう使いこなしていくかが一つの課題になっていくといえるでしょう。

0.5

対話や探究を支援するために
ICT を用いる

　GIGA スクール構想では，**1 人 1 台の環境**が実現します。これまで学校では実現できなかった学びを実現できる可能性もたくさんあります。前節で述べたような受け身的な学びの個別最適化もあります。

　受け身的な学びを実現するものとしての ICT は，私たちが学んだ紙を中心とした学びと比較して，優れた部分もたくさんもっています。あるいは，こういう知識・スキルを習得したいという気持ちをもったときに，その**学びへのアクセスを容易にする仕掛け**としてすばらしいものです。

　でも，一方で，学びとはそういう受け身的な学び，知識伝達的な学びだけを想定するのでよいのだろうかと疑問に思うのです。疑問の源は少なくとも二つあります。

　一つは，**受け身的な学びだけでは，社会に出たときに求められるような資質・能力をもった人材育成は難しいという点**です。

　例えば，OECD が1999-2002年に行った DeSeCo プロジェクトによってまとめたキー・コンピテンシーでは，

「相互作用的に道具を用いる」

「異質な集団で交流する」

「自律的に活動する」

という３つのカテゴリーで構成されています。

　効率的に知識・スキルを習得するうえで，前節で述べた
ような学びは適切でしょうが，キー・コンピテンシーで語
られているような能力を育てていく学びとは少し違うよう
に思います。

　「相互作用的に道具を用いる」というカテゴリーに関し
ては，かつて読解力が注目されましたが，「テクノロジー
を相互作用的に用いる」という項目も含まれています。そ
のような能力を引き出していくには，学びのねらいや主体
が生徒自身にあり，いろいろなテキストを調べたり，まと
めたり，意見をまとめて発表したりするような活動を支援
するようなICTの使い方が大切なのではないでしょうか。

　もう一つは，**これまで私たちが取り組んできた実践**です。
つまり，対話や探究を重視した授業の中での生徒からの手
ごたえです。このことに関しては，この後いろいろなとこ
ろで具体的に紹介したいと思います。

　さらに，もう少し広くいうならば，**日本の先生方が問題
解決型の授業の中に見いだしてきた様々なこだわりも含め
ていい**のではないかと思います。

　例えば，算数・数学では，練り上げというような言葉も
使われてきました。揺さぶり発問というような言葉も使わ
れてきました。授業とは決してそれぞれが孤立した40人
の生徒に対して，一人の先生が機械的にいつもと同じこと

を語り，黒板に書き，そしてノートに写すことを求めている活動ではありません。わからなさを肌で感じたら，そのわからなさを上手に共有できるように，拾うべきつぶやきを拾って共有したり，声をかけたりしているはずです。

　話し合いたいという空気を感じたら，**「ちょっと隣と相談していいよ」**と声をかけたりしているはずです。グループでの学びを仕掛けたり，発表させたりしているはずです。

　集団として学んでいるからこそ可能になっている学びもたくさんあります。図形やグラフなどの数学的対象を直接操作し，実験や観察を可能にする道具として ICT を使うことによって，これまでも行ってきた探究を，より深く，より広く行える可能性もあります。タブレット PC の周りで集まって会話をするだけでも，生徒の対話が活性化する可能性もあります。

　もちろん，使うソフトウェアによって，深めていける対話のあり方や探究の仕方には違いはありますが，主体を生徒あるいは生徒集団の側に考えたとき，**探究や対話を活性化するための道具として ICT を位置づけていく学び**というものも，受け身的な学びと同等あるいはそれ以上の重きをおくべきではないでしょうか。

CHAPTER1

探究とは何かを実感する

1.1
筋書きとは少し違う授業を経験する

　まず，授業に視点を合わせて考えてみましょう。探究，あるいは数学的探究を授業で生かすというと，何か普段とは全然違う授業をすることを想像されるかもしれません。

　確かに，延長線上に，そういう実践も想定したいと思います。でも，最初からそういう授業ができるのかといえば，それは学校で行う日々の授業とは別物だと思われる方が多いでしょう。**日々の授業に関しても，探究の精神というか，取り組み方は生かせる**はずです。

　生徒の存在なしに授業をつくることは，あり得ません。でも，**授業の鍵になる部分をどれくらい生徒に委ねるかは，**先生によってかなり違います。

　今日はこの問題の解き方を理解し，類題を解けるようになることがねらいと考える方は，往々にして解き方の解説まそほぼ先生が中心です。解説が終わったとき，理解度が生徒によって違います。普段理解が遅い生徒が今日はどんな感じか。それを観察し，支援し，学級全体がある程度のところまで到達できるようにする。もちろん，そこでも生徒を観察し，その様子に合わせて授業はつくられています。

　さらに一歩生徒に委ねてみることはできないでしょうか。

　今日の問題に接したときに生徒が感じることを，もっと生かしたい。教材の面白さや難しさを生徒自身がどう感じるかを生かしたい。そのためには発問や教材・教具の工夫も，グループ活動の利用もあるでしょう。

　普段の授業とちょっと違った授業をしたときに，想定外の発言でうまくいかなかったという反省の弁を耳にすることもあります。それは本当に想定外なのか，そういう発言もあり得るものなのか。学級の中でそういう気づきや発言があったとき，臨機応変に生かしていくにはどうしたらよいのか。授業の中でのねらいはどう変わるのか。

　こう考えてみると，授業は生徒の集団の学びとして行われているのだから，授業前に想定しているシナリオとは少し違ってもおかしくありません。**想定とは少し違う生徒の気づきや発言などの活動を生かしながら，臨機応変に授業をつくれるたくましさ**がほしいものです。そういう授業を参観したときに，自分もできるようになりたい，できそうと思うのか，この先生だからできるだけで自分には無理と思うのかによって変わります。

　今，自分はどれくらいのブレには対処できるのか。どれくらい生徒を生かすことができるのか。そのための教材研究や授業設計，そしてライブ感のある授業ができるのか。そこにチャレンジしていくうえでの一つの立脚点は，**自分にとって筋書きとは少し違ったけど，あるいは違うからこそ，生徒を生かしたよい授業になったという成功体験**ではないでしょうか。

1.2

一つの問題に長く取り組む経験をする

　生徒を生かせるような授業をできる力量を高めていくために，教師がすべきこととしては，**より深い教材研究と生徒理解**が基本になりますが，私は，少し違う観点のことを求めてみたいと思います。

　それは，**一つの問題に長く取り組むこと**です。問題を出されたら，いかに正確かつ迅速に答えを出すかは大切なのですが，ここでいう問題というのは，いわば正解がわかっている問題です。

　学校数学で扱っている問題のほとんどは正解が決まっている問題のはずではないかというご指摘を受けそうですが，生徒にとっては未知の問題との遭遇であるだけでなく，彼らが社会の中で活躍するときには，定型的な問題の処理そのものは AI などに任せることができ，何が問題かを感じることや，それにどう取り組んでいったらいいかを検討することや，そのために仲間とコミュニケーションし，議論し，新しいテクノロジーを含めていろいろなリソースを活用していくことが求められていくはずです。

　そういう**新鮮な気持ちで，広くあるいは深く，自分自身の問題に取り組んでみた経験があるかないか**は，きっと大きな差を生むでしょう。

すぐに解決できないときにどういうイライラした気持ちをもつのか。解決したときにどういうスッキリした気持ちになるのか。でも，きっとそこでおしまいでなく，さらに問題を深めたいと思ったり，もっと簡単にできないかと思ったり，結果を吟味して新しい問題として定式化し直し，また取り組んでいる自分，つまりそこで**算数・数学の学習過程のイメージ図の中にあるようなサイクルを，自分の実体験として感じる**ことができるようになります。

時間をかけて，繰り返し同じ問題に接していると，その**問題に接したときに気づくこと，感じることは多様である**ことも実感します。多面的な理解が必要なことも実感します。様々な方向に発展させられることや，より深く解釈できること，様々な問題の連鎖の中の一つとして位置づけることができることなどを実感することもできます。

一方的な解説でなく，授業の中で生徒の参加の余地を生み出すなら，この生徒集団の感性をどう生かすことができるか，今発言してくれた行為を生かすなら，授業はどういうものに変えていけるのかなどと考える幅が広がります。

また，学びの対象を，スモールステップ化された，わかりやすい一つひとつとするのか，もう少しまとまったかたまりとして生徒に委ねるのか。いや場合によっては，授業からは離れるけれども，生徒が授業後などに一人で深めていくような学びもあり得るのか。少なくとも**学びに関する理解の深さと広さが大きく変わってきます。**

1.3

思考の「サイクル」に注目する

　私が数学的探究についてイメージし，議論しようと思う
ときに，先生方になかなかわかっていただけないことの一
つが，**思考のサイクル**です。ある問題を解決しても，それ
でおしまいではなく，その結果を振り返ったときに，さら
に新しい問題が生まれて次のサイクルに進んでいくという
ものです。いや，一つの問題が解決したらそれでおしまい
というのが普通ではないですか？　特別に発展させるとか，
そういうことでなかったら，サイクルにはならないと思い
ます，と違和感を指摘される方が多いのです。

　私が議論するときの多くは，GC（私が開発した図形を
動的に探究するためのソフト，Geometric Constructor）
などICTを使うことが多いためなのかもしれないのです
が，このボタンを押したら答えが出るというようなICT
の使い方は問題の解決と呼ぶにはふさわしくありません。
解く喜びもないでしょう。**自分たち人間にとって解く価値
がある問題**とはいえません。

　漠然とした問題状況がある中で，探りを入れてみる場面
を考えてみます。手計算でも観察でもいいのですが，それ
ほど負担を感じないくらいの活動によって，まず暫定的な

結果が得られ，次にどうするかを考えます。問題をもう少ししっかりと定式化して取り組んでみます。そういう繰り返しの中で，現象あるいは仲間との対話があり，問題が次第に自分自身の問題として実感され，主体的なかかわりが深まっていき，その問題に対する理解や取り組みが深まっていくことが多いのです。

そういう様相を表現しようと思うと，**「主体的・対話的で深い学び」というのは，必ずサイクルが伴うべきもの**ではないかとも思います。別の言い方をすれば，一つひとつの取り組みで進む度合いはそれほど大きくなくても，サイクルとして繰り返していくことによって，トータルとしての深さが確保されます。しかも，一つひとつのサイクルに要する時間が短縮されるなら，過去においては一時間の中で一つの問題解決として取り組んできたことが，一時間の中でサイクルを経ることによって解決していくべきものとして位置づけることができます。

このように考えると，多くの生徒にとっての **ICT の役割は，思考のサイクルを実感するとともに，それ自体を自分で行うことを可能にするための道具**である，といえます。一気に先まで進む力はないとしても，少しずつ前進することなら可能だとすれば，何回も繰り返すこと，毎回前進しているとするなら，それはただの繰り返しではなく，思考のサイクルとして実現していくこと。そういう意味でも，ICT を使った探究において注目すべきことは，思考のサイクルではないかと思うのです。

1.4

問いの連鎖と深まりに注目する

　普段の授業の中では，生徒から生まれる多様性としては，問題を解決する方法・アイデアの多様性，つまり，解決に関する多様性が多くありますが，探究という観点から考える場合には，**問いの多様性や，その連鎖に注目する**ことが大切です。

　例えば，GC のような動的幾何ソフトを使う場合，いろいろな場合を観察することができます。いろいろな場合を観察することができるのだから，一度観察するだけでほぼすべてのことがわかってしまうと思われるかもしれません。でも，実際はそうではないのです。後述するように，私たちが行う観察は，どこかに焦点を当てながら行っているせいか，すべての場合を緻密に観察しているわけではありません。**最初は大切なポイントを見落としている**ことも少なくないのです。

　暫定的な観察結果と割り切ると気持ちも楽になります。わかったことをまずまとめてみます。そして，そこから気づいたことをもとに，何か気になることがないかと俯瞰的に考えてみます。

　そこで気になることがあったら，問いを少し深め，注目

すべき点を少し変えて観察し直してみるのです。すると，**先ほど見てはいても見えてはいなかったことが見えるようになってくる**ことは少なくないのです。

　あるいは，後述するグループ活動のような場合を観察していると，実に様々な問いを生徒は思いつくことがよくわかります。グループ活動の中でそれを言葉にすると，やはり自分たちの問題としてそれを目の前で解決したくなります。勘違いから生まれたような問題はすぐに解消されますが，**本来の問題に戻るときに，その問題の理解は少し深いものに変わっています。**

　あるいは，クラスとして取り組んでいる問題に関係している，そのグループ独自の問題として取り組んでいることもあります。その問題あるいは解決の結果を，クラス全体で発表し，共有するかどうかにかかわらず，与えられた問題に対して，どこかで用意されているはずの正解に辿り着くということだけでなく，その経過の中で，**自らが問題として取り組む価値があると思った問題に主体的に取り組んでいくこと**，それ自体に価値があります。

　同時に，自分たちの問題あるいは他のグループで取り組んだ問題は，クラスで取り組んでいる出発点としての問題とどうかかわっているのか，さらにどう発展させていくことができるのか，それを考えるうえで解決はどういう指針を与えてくれるのか，そういう観点で探究の過程全体を見渡していくうえで，**問いの連鎖に注目する**ことは大切です。

1.5

観察と問いのかかわりを
具体例で実感する

　GC などの作図ツール（動的幾何ソフト）では，**正しい図を数多く観察する**ことができます。だから，観察したら何が成り立ち，何が成り立たないのかがすぐわかるはずと考える方が多いです。でも，実はそんなに簡単に見たらわかるものではありません。

　最初，一通り観察するときには，まだ深くわかっていません。そこで表面的な観察でわかることを，まずまとめてみます。そこから気になったことなどを手がかりに仮説や疑問をつくってみます。あれっと思うことがあると，観察すべきことを焦点化してまた観察してみます。

　あるいは，どうなるはずかを推論し，観察してみます。そうすると，最初は見えていなかったことが見えてくるのです。そうやって深めていくものが，**探究の中での観察**なのです。

　逆にいえば，定式化された問題に対して答えを出すことは，通常の数学の授業の中での取り組む活動そのものなのですが，きっとそこにはあまり ICT は必要ではありません。**多少漠然とした問題に取り組むところを出発点としながら，問題の修正と観察・吟味・検証などを繰り返しなが**

ら**解決に値する問題を発見していくこと**にとってこそ，
ICT は重要なのです。

　具体例で検討しましょう。数学教師としてのあなたへの
挑戦の問題と思って読み進めてください。

　四角形 ABCD の４つ
の角の二等分線を引き，
それらの交点を右図のよ
うに E，F，G，H として
それらを結び，四角形
EFGH をつくる。

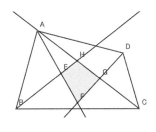

　ABCD をいろいろな四角形にしたとき，EFGH はど
んな四角形になるかを調べよ。

　念頭だけで取り組めるとしたら，きっとあなたは初等幾
何をかなり究めた方ですね。多くの方にとっては，観察が
必要です。また，この観察は，フリーハンドのスケッチや
定規・コンパスでの作図では時間的にも労力的にも現実的
でなく，きっと ICT があって初めて実質的に可能になる
観察の一つです。

　観察すべき「いろいろな四角形」の候補としてすぐに思
いつくのは，正方形，長方形，ひし形，平行四辺形，台形，
一般の四角形くらいでしょうか。それぞれについて一つず
つ図を調べてみると次のような感じになります。

ABCD	EFGH	図
正方形	1点	
長方形	正方形	
ひし形	1点	
平行四辺形	長方形	
台形	四角形	
四角形	四角形	

「いろいろな四角形」の候補

この結果だけから，すべてのことが見通せるという方は
ほとんどいないでしょう。観察が不十分なのでしょうか。
不十分さの源泉を考えてみましょう。

(a)

　列挙している四角形の種類が不十分かもしれない。

(b)

　それぞれの種類の四角形に対して，一つの図しかス
ケッチしていないので不十分かもしれない。

　もっといろいろな場合が存在するかもしれない。

(c)

　ここにある一つの図の中の特徴を言語化しているが，
そこで重要なことを見落としているかもしれない。

このような不十分さはキリがないですが，さらなる探究
が意味あるものであるためには，**考えるべき問いが妥当な
ものであり，その問いに適した観察を続けていくこと**が重
要です。

　例えば，EFGH が 1 点になるのが気になると思えば，
**「EFGH が 1 点になるような ABCD としてどんな場合があ
るのだろう？」**と思い，そういう場合を観察することもで
きます。

　次図のような場合を見いだすことができます。

　たこ形，台形，一般の四角形。うまくまとめる「形」が
ないので，図形の性質に注目した方がよさそうです。

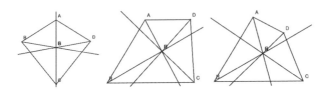

EFGH が 1 点になるいろいろな場合

このリストの EFGH の方に登場する四角形の種類は少ないなと思うと，あってもいいのにない形は何だろうと気になります。ひし形，平行四辺形，台形などがないことが気づくでしょう。**あるはずなのに見つかっていないのか，探してもないのかということに注目しながら探す**ことになります。

ここでは，台形の場合も一般の四角形の場合も，結果としての EFGH に特徴を見いだせていないので，四角形としていますが，四角形の集合全体なのか，気になります。排除されている部分集合があるとしたら，その原因は何だろう。そういうことに焦点を当てながら観察を深めていくことになります。

まず，調べてみるべき形は何でしょう。平行四辺形までの結果は，問題がなさそうです。結果が漠然と四角形となっているのは，台形の場合と一般の四角形の場合です。台形の方が条件は厳しいはずなのに，特徴が明確になっていません。だから，**台形の場合を調べるべき**でしょう。

実際に，点 A，D を水平に動かし，いくつかの場合を観察・比較することをイメージし，AD∥BC を満たす 4 つの場合を次に表示してみました。

今度はどんなことに気づくでしょうか。

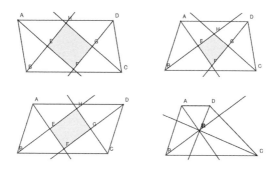

4 個の場合

1 点になる場合もあります。たこ形になる場合もありそうです。ABCD が平行四辺形になるときもありますね。そのときには EFGH は長方形です。

長方形ということは，すべての角が90°になることがあるわけですが，点 A が動いても，点 G は動かないですね。いや，C も D も動かないのだから，∠G は動かないはずです。つまり∠G は90°。∠E も同様で90°。だから，ABCD が台形のときには EFGH はただの四角形というわけではなく，∠E＝∠G＝90°という四角形なのですね。

最初の観察でも，図は同じです。でも，直角に気づくでしょうか。気づく人もいるかもしれないけど，気づけなく

ておかしくないのです。観察とはそういうものなのです。

　台形のときが，∠E＝∠G＝90°という四角形というこ
とがわかりましたが，ABCD が一般の四角形のときも，
EFGH には何か特徴があるのでしょうか。

　私がこの問題に最初に取り組んだときにはどう考えたか
というと，**「台形の場合との違いがわかるようにしたい」**
と思いました。

　∠E＝∠G＝90°という四角形ということは，HF を直径
とする円に内接する四角形です。それとの違いを明確にし
たいと思い，E，F，G の3点を通る円を追加し，D を動
かしたときに，どうなるかを観察することにしました。そ
の結果，次図のような観察をしました。

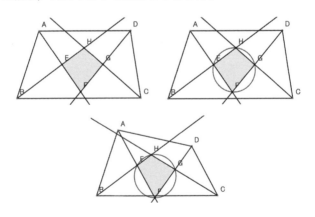

台形の場合に3点を通る円を追加し，D を動かす

　びっくりしました。円から点 H が離れるはずなのに，
外れません。EFGH はただの四角形ではなく，円に内接

する四角形なのです。台形の場合には，90°の対角が1組
あります。長方形の場合には2組あります。一般の場合に
は90°ではなくなるけれど，対角の和が180°という性質
は生き残っているのです。

　この結果を踏まえると，最初の観察結果において，いわ
ゆる平行四辺形やひし形が見つからなかったことはすっき
りしました。平行四辺形の場合，隣り合う角の和が180°
ですから，対角の和も180°になる場合は長方形しかあり
得ません。ひし形の場合も，正方形しかあり得ません。だ
から，**「いわゆる平行四辺形」は見つからない**のです。
　同じように台形もないのでしょうか。いや，円に内接す
る台形は等脚台形です。うまく探せばつくれるはずです。
そう思って探してみました。簡単ではありません。でも，
図のような場合を見つけることができました。

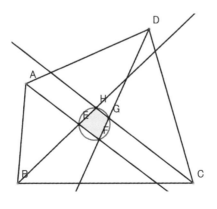

等脚台形の場合

　ザックリ調べるときには見つからない。でも，あるはず
だと思って精査したら見つかった，が実感だと思います。

　偶然見つけていたら，それはかなりのラッキーであり，
普通は不十分な観察をもとに疑問をつくり，問題を見つけ，
推論し，そして，こういうものがあるはずだという意識の
もとに探したらきっと見つかる。そうやって深めていくの
が作図ツールでの観察なのです。

　観察が深まっていくときには，問いも深まっています。
問いと観察は，相互に深め合っている両輪です。それらを
深めていくうえでは，数学的な理解や推論，予想などもか
かわっています。そういう総体を表現するうえでは，「思
考のサイクル」という言葉が最も適切なのではないかと思
うのです。

CHAPTER2

探究を支援する道具を理解する

2.1
ICT を学びの道具として
位置づける

　スマートフォンにしろ，ゲーム機にしろ，**日本の子供は
ICT をよく使っているけど，遊びのためであって，学びの
ための道具として使われていない**。そういう趣旨のことを
よく耳にしてきました。

　私は愛知教育大学附属高校の校長を，2016〜2018年度
の3年間兼任しましたが，校内ではスマートフォン禁止で
した。研究授業などの明確な位置づけがあれば授業中でも
使っていいのではないかと，個人的には思いましたが，先
生方の共通認識を得るのは難しく，禁止でした。
　生徒は校内ではスマートフォンを使いませんが，敷地か
ら出てバスに乗ると，ゲームや LINE などの手段として使
います。
　もっと生産的な使い方，接し方を教えることもできるの
ではないかとも思いますが，現実は変わりません。
　「SNS は節度ある接し方をしよう」
　「ゲームは時間をコントロールできるようにしよう」
　「個人情報には気をつけよう」
　**消極的なメッセージだけでは，この現実は簡単には変え
られない**と実感しました。

　例えば，関数グラフを描画してくれる GRAPES にしろ，数式処理システムの定番の Mathematica にしろ，**数学ソフトを使うことで，いろいろな実験ができます**。背景となる数学を知ることもできるし，数学的な現象に実験科学的にアプローチするチャンスも得られます。

　私が開発した図形用のソフト GC を使うと，高校生でもタブレット PC を囲んで話し合いをしながら探究を進めていく授業を実践することはできますし，いろいろなところで提案もしてきました。

　でも，高校の先生方は，特に進学校の先生方は，1990年代から一貫して同じような反応をすることが多いです。

　「うちは進学校ですから，そういうものはいりません。だって，入試のときには，PC は使えないでしょ」

　入試が変わらないと，高校教育は変わらないっていうことなのか。そう思いました。実際，例えば統計の内容は，平成29・30年学習指導要領で大きく変わりました。中学校でも高校でも，コンピュータの利用なしには適切な学びが成立するとは思えませんが，すべての学校で使いこなしているとは思えません。でも，現在は入試でコンピュータが使えないことを考えると，入試で出る範囲をマスターするだけならコンピュータを使った学びは不要ともいえます。

　大学入試改革は，2019年に頓挫してしまったようにも見えます。でも，それが理由で教育での ICT 利用の停滞が続くのでしょうか。

2.2

省力化の向こうにあるものを見据える

　ICT は，人間に代わっていろいろなことをしてくれます。これを，こういう手順で，こうしてほしいと指示を明確に記述したら，その通りに実行してくれるわけです。**私たち自身が時間と労力をかけてすることは必要なくなる**，つまり省力化することができる。大きな利点です。逆に「AI が人間の仕事を奪う」ことにも結びつくわけです。

　そういう ICT を安易に教育の場で使うことに，特に算数・数学教育では警鐘が鳴らされてきました。本来自分ですべきことを ICT が代わりにやってくれてしまうことは，子供が学ぶ機会を奪ってしまうことになりかねない。そういう指摘です。楽をするために ICT を使うのは，勉強の阻害にしかならないという指摘です。

　ある意味，正しい指摘です。電卓があっても，九九を覚える必要性や教育的意義がなくなるわけではありません。**安易な ICT の利用は，リスクが大きい**のです。

　でも，ワープロは清書マシンではありません。初期において高度な和文タイプライターとしての価値もあったかもしれません。でも，手書きと比較して推敲が簡単に行えるようになりました。構造を考えながら長い文章を構成する

ことができるようになりました。文章作成そのものの世界を変えました。そういう目的ならワープロ。それを望まないなら手書き。**目的に応じて，道具は選択すべき**なのです。逆にいえば，推敲や長い構造的な文章を構成することを目的にするなら，手書きを強制するのは，ただの嫌がらせにしかならないのです。

　また，現状において，Wikipedia などからコピペで安易に文章をつくってしまう文章怠惰製造マシンの側面もあるかもしれません。コピペが悪いのでしょうか。自分の主張でもないものを自分が書いたかのごとく主張することは，盗作そのものです。引用と主張を明確に分けて書くことを求めるべきであって，Wikipedia に書かれているものを**手書きさせるとか，手で入力させるとか，Web で調べることを禁止するとか，紙の辞書に制限するとか，そういうことが正しいわけではありません。**

　正確な図をかいてくれる。元の点を動かしたら全体がどうなるかを観察できる。

　式を指定したらグラフが描画される。パラメーターを変えたらグラフの変化の様子を観察できる。

　それぞれの数学ソフトの中での基本的な使い方が，どういうことを**自然に，簡単に行える環境なのか**を踏まえて，省力化を越えて，どういう価値あることを実現してくれているのか。まずそれを見抜くところから，探究の観点からの ICT 利用は出発します。

原理はわかっていても実行するのが大変だったことをコンピュータが代わりに行ってくれるので，今までとは違った探究の仕方が可能になるとはいえ，生徒が納得してくれ，楽しんでくれる事例を見つけることは，決して簡単ではありません。

例えば，「$\sqrt{2}$ってどんな数かな？」という問いを考えてみましょう。1.414…とか2乗して2になる数などと一緒に期待しているのは，無理数であり，分数では表せない数であり，循環しない無限小数です。

「本当に循環しないのかな。どこまで知っている？」

「1.41421356」

「その先は？」

「わからない」

「とすると，1.41421356141421356って繰り返すかもしれないね。繰り返さないっていうのを実感するには，何桁くらいまで求めることができたらいいかな？」

例えば，こういうやり取りの後で，それをプログラミングでどう表現しようかという課題を提示することは，大学生にとって，結構手ごたえがある課題になります。

一方，中学生・高校生に対して，「ウルフラム α のサイトで調べよう」と https://ja.wolframalpha.com/ にアクセスし，N[Sqrt[2]，1000]と入力すれば，次図のように1000桁を表示してくれ，すごいと歓声が上がるものの，続きません。例えば，他の無理数もそうかどうかを調べるという意味では，$\sqrt{3}$，$\sqrt{5}$ や π，e などについて調べるこ

とはできるものの，問いが深まらないのです。自分が何かをしているという実感がもてないのです。

√2を1000桁表示する（10000桁でも ok）

　最初に確認したかったことを，現象として確認できること。それは ICT を使ってできることとして最初に期待した通りのことができますが，それだけでは探究に値しない。

　その現象を観察することから，何か新しいことに気づき，新しい問いを見いだして，探究のサイクルが回るとか，同じ現象でも観察している人によって気づきや問いが異なることを実感して，**探究の多様性，つまり人の感性の多様性を実感する**とか，そういうことに結びついていないと，満足できない。

　そういうことではないかと思うのです。

2.3

わかりやすい解説の
向こうにあるものを見据える

　デジタルコンテンツなどに対して，多くの人が求めるものの一つが，**わかりやすさ**です。普段，なかなかわかってくれない現実を目の当たりにしていると，これさえ見たらわかってくれる魔法のような道具がほしいですよね。そして，実際，そういうものもたくさん生み出されています。デジタルコンテンツに限りません。授業もわかりやすい方がいい。そういう目で見たときに，わかりやすい解説動画をつくれるスキルって，すごいなと思います。誰にでもできるわけではありませんから。

　コロナ禍の中で，学校での授業ができなくなりました。愛知県は県立高校の生徒は「スタディサプリ」の動画から学べるような対処をしました。わかりにくい授業に閉口していた生徒は，こっちの方がいいと思ったかもしれません。わかりやすい動画をオンデマンドで好きな時間に自分の力量に合わせて何度も見直せるとか，飛ばしながら見るとかが可能になるような学びの環境も充実していくでしょうけど，そういう**わかりやすさだけで教育目標のほとんどが達成されるはずかといえば，**ちょっと違います。

　私も，コロナ禍でオンデマンドの映像もつくりました。疑問が生まれて，停滞してしまわないように工夫します。できれば一回見ただけでわかるようにつくります。オンデマンド映像をつくるうえで，繰り返し見る必要があるのは，改善の余地のある，できそこないなのだろうとも思います。

　でも，**オンデマンドの一方向的なやり取りには，物足りなさを感じる**のです。Zoom を使うときにも，全員がビデオも音声も off にしている暗闇にただ話しかけるだけって，物足りなさを感じるのです。なぜなら，そこに人（学生）がいる。人がいるからこそのよさを引き出したい。そう思うのです。

　「どうわかった？」と確認の同意を求めて，「うんわかった」が返ってくること以上のものがほしい。何か言ってくれたらそれを突破口に，疑問を生み出したり，理解を深めたり，発展させたり，きっといろいろなことができる。そういうやり取りがほしいのです。

　たぶん，そういうやり取り，つまり対話をすることで，理解は深まっていくのです。

　「私はこういうことを見つけた」

　「私はこう思う」

　「君のその意見は面白いね」

　対話の中で必然的に登場する一人称と二人称。そういうものの意識が，自分たちの問題に取り組んでいるという意味での主体性を生んでいく。「主体的・対話的で深い学び」というものは，きっとそういうところにあるはずです。

2.4

体験を変える仕掛けとして
ICT を用いる

　省力化やわかりやすさの向こうにあるものとして，何を想定するといいのでしょう。私は数学にかかわることを扱っているので，「数学的探究を変える」という表現をよく使いますが，より広く捉えるなら，**ICT は体験を変える。あるいは，体験を変えるために設計され，つくられている**といえます。

　2000年頃に VR（仮想現実）の研究者との議論で，彼がいう「没入感」という言葉がとても気になりました。人工的な箱の中で，何かを見せられ驚いている景色は，外側から見ると，まるでキツネに化かされている姿のように見え「だまされるなよ」と言いたくなります。

　でも，**主観的な体験が変わることがねらいであり，その世界にどう没入するかが問題**だというのです。実験したくなりました。自分の研究室に120インチのスクリーンを自作し，当時最新機種だったフルハイビジョンのプロジェクタを買って授業の映像を眺めました。20インチのテレビで見るのとは全然違う世界がそこにありました。

　教室で観察するのと等身大の世界がそこにあり，まさしく教室にいるような臨場感と没入感があるわけです。体験しないとわからない世界だと思いました。

2019年に，Zoomでのやり取りについて話をしている人がいましたが，全然実感がわきませんでした。SkypeやLINEは知っていても，それで授業をするとか，議論をするとか，グループ活動をするなんてピンときません。でも，**体験して良きも悪しきも実感すると，次第にそれは自分の世界になっていきます**。バーチャルとは架空とか嘘とかではありません。もう一つの実存する世界です。「虚数は虚だから嘘の数」ではないのです。「実数だから現実にある数」というわけではありません。両方とも数学の世界を構築するために存在していますが，両方とも私たちの中に構築したものでないと実感できないのです。複素数を実感できない人にとって複素数は存在していないのと変わりません。バーチャルは，虚数とかなり似た存在なのです。

だからこそ，広い意味でのICT利用にしろ数学に関するICT利用にしろ，**まず使いこなすためには，自分でその世界を体験してみて，生徒がそれを再体験すべきかどうか，するとしたら，どう体験してほしいかを考えることが基本**です。数学的真理は変わりませんが，「数学する」ことは大きく変わる可能性があります。

私たちは，自分たちが慣れている道具で接していた世界が当たり前と思っていますが，**生徒にとっての初めての体験は，私たちとは違う感性で感じる**のかもしれません。それを少し先回りしておくとか，謙虚にその様子を観察し，そういう感じ方もあるのかと，率直に別の世界を楽しむ。そういうことが大切になってくると思います。

2.5

探究を設計し具現化する
仕掛けとして ICT を用いる

　ソフト開発をする立場からいえば，ICT とはそのような**探究を設計し，具現化するための手段**でもあります。教具は，モノの属性をうまく生かしながらつくるわけですが，ICT の場合には，どういうインターフェイスでどういう振る舞いをすると，どういうことが発生するかを設計し，具現化するように，プログラムで記述します。

　教具を開発するのと比較すれば，非常に複雑な設計や具現化が可能になりました。

　数学的な対象を扱うという意味では，私がかかわっている作図ツール（動的幾何ソフト）もその一つです。数学的な意味での作図が可能になるだけでなく，点や線分などを動かしたときに，図全体がどう変化し，不変要素や関数関係がどのように存在しているかに注目することが可能になります。

　関数のグラフ描画を行うソフトであれば，式を入力すればグラフを即座に描画できたり，それを操作できたりするなどのことが可能です。様々な数学ソフトで，数学的対象をいろいろな接し方，扱い方が実現されています。

　例えば，数学教育現代化運動のとき，キズネール棒やジオボードなど，子供に探究してほしい数学的構造が埋め込まれている教具が様々に開発され，研究され，実践されました。

　そのような**教具開発の延長線として，様々な数学的構造や現象，また，それらに対する人間の接し方，制御の仕方，そして，体験を埋め込むための方法論を提供するものとして ICT は存在**しています。

　数学的対象の実現だけではありません。観察した結果を記録し，考察することを円滑に行えるような工夫がなされていたり，友達との協働学習が円滑に進むような機能が具現化されたりするなど，探究そのものを円滑に行えるような機能も実現されています。

　多くの ICT 機器の開発では，**ユーザーエクスペリエンス**とか**アフォーダンス**などという言葉は当たり前のように使われていますし，そして，実際にユーザーとしては新しい体験を提供してくれるものを選択し，いいものだけが生き残っています。

　GIGA スクール構想の中で，**よい数学的体験**を提供してくれるものが数多く開発され，そして，よいものが生き残っていくことを期待したいと思います。

2.6

体験していないことはわからない

ICT 機器は**新しい体験を生み出す道具**です。それを使った学びを設計し，実践していくうえで，そういう体験を行っておくことは不可欠です。そういう体験を行っていても，実は私たちはそれまでの経験の慣性に縛られています。

最初からデジタルの道具で接している生徒たちの方が，私たちよりもより自然な接し方をし，自然な探究が進んでいくことも少なくありません。**時には一緒に考えるとか，生徒から学ぶというような姿勢で臨む**方がうまくいくことも多いのです。

数学の授業ですから，**素材は数学**です。生徒が接する数学の世界が，どう変わるのかを実感するのが出発点です。

でも，それだけではありません。

友達とのコミュニケーションがどう活性化されるのか。自分の学びの経過をどう理解しやすくなるのか。個々の生徒の様子に対してどういう支援が可能なのか。生徒の細かな変化を先生がどう拾うことができるのか。保護者あるいは社会の人々との接点をどういう形が増やしてくれるのか。

そういうものの**総体に注目することも，探究という言葉には含まれている**と思います。

CHAPTER3

タブレット PC で学びを変える

3.1
タブレット PC の特徴を知る

　GIGA スクール構想で導入される機器としてのタブレット PC は，1人1台が強調されているため，1人1台の学びを実現するための機器という印象が強いです。そして，個別最適化された学びを実現するための機器というニュアンスが強いように思います。

　確かに，今まで1人1台の環境がなかったことを考えると，機器が導入された後で，1人1台の学びが実現したことを検証するための実践などが特に求められていくのだろうと予想するのですが，一方において，それが受け身的な学習を孤立化した形で別々に進めていくことになりはしないかと懸念します。

　学校という集団で学ぶ場所だからこそ，すべき学びにも力点をおいてほしいと思ったりします。

　私にとって，ある意味で GIGA スクール構想を現実のものとして肌で感じたのは2010年です。今皆さんはタブレット PC にあまり新鮮さは感じないかもしれませんが，そのとき何に衝撃を感じたか，ちょっと振り返りながら，タブレット PC と Wi-Fi が整備される GIGA スクール構想の意義について考えてみましょう。

　今でもよく覚えています。2010年4月のことでした。

　愛知教育大学附属名古屋中学校に伺うと，当時数学科の教員であった鈴木幸浩先生が，いつになくニコニコした表情でやってきました。

　「先生。iPad いいですね。買ってくださいよ。11台。GC を使えるようにしてくださいよ。研究授業しますから」

　即答しました。

　「無理！　そんなにカネないし。ソフト開発するノウハウないし。見通しないし…」

　でも，大学に戻ってすぐに1台注文しました。…鈴木先生がほれる機械って，どんなだろう。

　iPad が届いた翌日，さっそく附属名古屋中学校に行きました。鈴木先生は授業をしていました。（大学の同僚の）稲毛校長先生が，

　「校長室でゆっくりしないか」

と声をかけてくれました。

　稲毛先生は Mac 好きです。Apple がつくった新製品に関心がないわけはありません。

　「こんなの届いたんですよ。知っていますか」

と，真新しい iPad の箱を校長室で広げ，不思議な「板」と格闘したのでした。

　今までのノート PC とは違った手ごたえに，稲毛先生と時間を忘れました。まるで，映画『2001年宇宙の旅』に出てくるサルが，不思議な板，モノリスに触ってキャッキャと騒いでいたように。

　確かに，魅力的だ。これまでのノートPCともネットブックとも全然違う。机の上に置いても邪魔にならないし，いらないときにはしまえばいい。何より指で触って操作できるのって，いい。

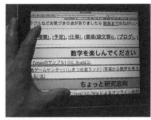

届いた初代 iPad を触ってみる

　GCを使えるようにして，鈴木先生の思いにこたえたい。というより，自分の思いとして，iPad上で，GCを動くようにして，授業を見てみたい。そう思いました。

　私は1989年以降，数学的な意味で図形を作図し，変形・測定・軌跡などで図形を動的に探究するための作図ツールとして，GCを開発し，教材研究や授業研究をいろいろな先生方としてきました。

　DOS版からWindows版になり，Java版になっていましたが，ずっとキーボード・マウスで操作することが前提でした。それをタッチに変える。プログラミングも変わりますが，それ以上に，様々なことが変わることを実感しました。

　マウスはピンポイントです。タッチは指なので太くなり

ます。マウスは1点ですが，タッチは最高10点まで同時に操作可能です。マウスは握っている人しか操作できませんが，タッチは誰もが手を伸ばせば操作できます。

そして，何よりも**タブレット PC はいわば「板」**です。特に図形の場合，どこから覗き込んでもいい。机の上に置いて周りから覗き込み，触りたい人が手を伸ばして操作したり，それを覗き込むために頭が集まると，自然に話し合いが活性化したりする。そう。何よりも**グループ活動の質が劇的に変わる**ことが予想されました。

DOS 版のときは画面の解像度が低かったので画面全体を使いましたが，Windows 版や Java 版は画面の一部で使っていました。特に Java 版では問題文なども一緒に組み込んだホームページ内で使うことを想定していました。

iPad を 4 人の中央に置いて覗き込む

でも，周りから覗き込み，手を伸ばして動かして調べるためのソフトだったら，画面全体を使って図を操作できる方がいい。問題文などはプリントで示すとか，黒板で示せばいい。**ソフトのコンセプトをかなり変えました。**

3.2

対話と探究を支援する道具として
タブレット PC を用いる

　私が感じた魅力は通じたでしょうか。

　画面を覗き込もうと頭が集まってきて，会話が活性化していくときの魅力。マウスを持っている子に「ちょうだい」と言わなくてもタブレット PC に手を伸ばして指で動かせばいい自然さに感じる魅力。ここから先はノートの上で証明を書きたくなったと思った瞬間に，タブレット PC から離れて自分のエリアに戻り，それぞれが証明づくりに夢中になっていくときの自然さに感じる魅力。

　今までのコンピュータ室での不自然さがとても解消され，**日々の数学の授業の中にとても自然な道具として溶け込んでいる**のです。

　コンピュータが主役ではありません。主役は生徒であり数学です。これまでできなかったところまで**対話や探究を広げてくれ深めてくれ，そして，感動ある授業を実現させてくれている**。それを実現してくれているところに，これなら日常的な道具として使い続けていくことができるという手ごたえを感じるわけです。

　もちろん，それを日常的な道具として使えるようにするには，いくつかの仕掛けも必要です。

3.3

いつでもどこでも
タブレット PC を使えるようにする

　ハードを購入するだけで，**いつでもどこでも使える学び
の環境**が確保できるわけではありません。それぞれの授業
に則したコンテンツが用意されていることも不可欠です。
その学びの成果を記録していくことも必要です。

　私たちがタブレット PC を使ったとき，4 人 1 台という
使い方であるとともに，特別な授業のときに使うという使
い方だったので，**タブレット PC は実験道具**と割り切りま
した。記録などはノートに書きました。サーバにデータは
残ってもタブレット PC には何も残しませんでした。

　これからの GIGA スクール構想での学びでは，きっと
学びの成果は記録し，後で分析できるようにするはずです。
機器を忘れても故障しても，代替機さえあれば学びはすぐ
に継続できるようにすることを目指すはずです。

　そのためには，**クラウド上にデータが保管されている**こ
とが不可欠です。生徒は ID を持ち，自分のデータが保存
される領域があり，どの機器を使ってもアクセスできる。
そういうシステムの端末としてのタブレット PC になって
いるはずです。大学などでは端末の管理は，すべて学生の
責任です。使いたいアプリは，自分の責任でインストール

できます。課金の支払いは自分で支払うことも含め，自分の責任の下で，大きな自由があります。

でも，GIGA スクール構想で整備されるのは**学校の備品としてのタブレット PC** です。生徒が勝手にアプリをインストールしたりはできません。教師が授業で使いたいと思うアプリがあっても，管理者でなければインストールできません。だから，たとえ無料でソフトを開発して提供しても，教師が使いたいと思っても学校の PC では使えない。そういうことはこれまでも数多くありました。

しかも，これまでは学校の Wi-Fi 環境の整備状況は自治体によってかなり差がありました。学校のネットワークのセキュリティポリシーはかなり厳しいので，備品以外の機器を接続できないのはもちろん，できないことがとても多いのです。特に小中学校の場合，自治体内のすべての学校，すべての学級で同じであるべきということが基準になって，新しいチャレンジをしてみたいと思ってもなかなか取り組むことができなかったりするのです。

GIGA スクール構想の出発の時点においては，その時点における最新のものを標準として開始するでしょう。でも，**ICT は日進月歩**です。先生方のノウハウも進んでいきます。生徒の感覚も変わっていくはずです。そういうものをうまく反映しながら，変わっていけるシステムでありたい。備品としてのタブレット PC をそのまま数年使い続けて陳腐化しないシステムでありたい。そう思うのです。

3.4

教育用ソフトのあり方を広げる

　Windows でも iOS でも，いわゆるアプリにはインストールが必要です。学校用の機器では，勝手に生徒や先生がインストールできません。これは以前からの問題で，たとえソフトを無料で配付したとしても，**インストールの壁**で使えないことは多かったのです。

　どの学校でも使える教育用ソフトのあり方を考えると，基本的に，二つの可能性があります。一つは，Word や Excel のようにどんな OS においても開発されていて，**どの学校でもインストールしていると思われるアプリ**を使う方法です。もう一つは，いわゆる**ホームページの形で提供される Web アプリ**です。

　私が開発した GC/html5もその一つで，これは基本的に，ホームページそのものです。ブラウザさえあればアクセス可能です。ソフトそのものは，ホームページの中に組み込まれた JavaScript によって記述しています。作成したデータは，その機器の中で保存することも可能ですが，基本的には，Web サーバに保存します。つまり，備品としてのタブレット PC には何の変更を加えなくても，ホームページやサーバの設定をソフトの開発側が作成・改良していくことで，どの学校でも使えるのです。

愛知教育大学 数学教育講座 飯島研究室

http://www.auemath.aichi-edu.ac.jp/teacher/iijima/iijima.htm

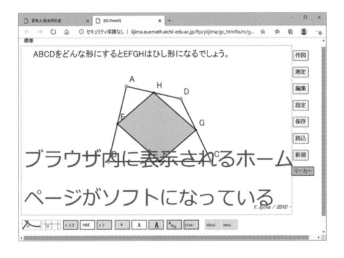

GC/html5

　私の GC/html5は2010年に開発し，いろいろな方に使っていただいていますが，こういうスタイルが増え，発展していくことを期待しています。

CHAPTER4

グループの学びに任せる

4.1
1つの GC の画面で
4人が学び合う魅力を感じる

2010年に iPad がやってきて，GC に関する研究授業の
ほとんどは iPad を使うようになりました。1人1台とか
2人1台，あるいは4人4台のような使い方も試みました
が，やっぱり**4人あるいは3人というグループで1つの画
面を共有しながら取り組む**姿が，中学生には一番合ってい
ると思いますし，高校生でもかなり盛り上がります。

1つの画面を共有する

まず何よりも自然な感じがいいのです。何か面白いもの
がやってきた。興味があれば，自然にそこに体が集まって
くる。平らに置いているので全員にとって平等な存在です。
手を伸ばせば図に触れます。点なら1点，辺なら2点，実
物を動かす感覚で図を操作します。手が足りなければ協力
したらいいのです。

顔が近くなると会話が活性化されます。説明するときに，
身振り手振りも出てきます。

4.2
発表の準備や教え合いとは
別のものをグループに求める

　恥をかきたくない，という気持ちが強いのでしょうか。黒板のところでクラス全員に向けて話をするのは苦手，という子は多いですよね。グループの中でなら，緊張せずに思ったことを気楽に言える。生徒目線から考えるときのグループの安心感は，まずそういうところにあるでしょう。

　教師目線から考えれば，クラス全体で発言可能な人数はかなり限られていますが，**10個のグループがあれば，発言可能な数は10倍になる**。全員に発言のチャンスをつくるうえでも大切です。

　そういう意味では，クラス全体での発表などを求めるうえで，グループの中で意見をまとめてみて，全体で発表をするための準備という役割も果たしているともいえます。

　でも，きっとグループの中で発言していることは，クラス全体への発言とはまた違ったものがある。それを生かしていくチャンスもありそうです。

　問題を解くとき，どうしていいかわからない子，困っている子は必ず存在します。先生が一人ひとりのところを回ったとしても，絶対に手が足りません。

「困った子は相談していいよ」

とグループの中で，あるいは隣近所で教えてもらうことに
グループのよさを感じている方も少なくないでしょう。

　実際，何がわからなくてどう困っているかということに
対して，先生よりも友達の方がよくわかっていることも少
なくありません。そういう活動を表す言葉として，教え合
いという言葉があります。

　ただ，教え合いという言葉には，**わかっている子／まだ
わかっていない子という仕分けがあり，わかっている子が
まだわかっていない子に教えるという一方向的なかかわり
合いが想定されている**ように思えます。もちろん，人に教
えるということは，自分自身の理解を深めるためのかなり
重要な方法ですから，教えてもらうよりも教える方が実は
プラスなのかもしれません。

　そういう，ミニティーチャー的な効果ももちろんあると
思うのですが，例えば，先の写真にあるような，自然にみ
んなが集まってきて，自然にそれぞれから手が出て，そし
て会話が生まれ，問題を発見し，それぞれが解決していく
ような場面。

　この場面での積極性・自発性の魅力を語るには，**発表の
ための準備とか，教え合いというものとはちょっと違った
ものを想定する**方が適切なような気がするのです。

4.3

「集まりたいから集まる」ようにする

授業の中で，「え，どういうこと？」という無言のつぶやきが生徒の中に充満しているときがあります。

その空気を察知して，**「ちょっと周りと相談してみようか」**と声をかけると，自然な形で相談が始まり，数分後に，**「そろそろいいかな」**と声をかけるときには，みんなそれなりに納得しているということがあります。

何かしら困った状況がある。一人で考えるだけではなく，数人と相談したい。何に困っているのかを解決したい。次にすべき方針さえわかれば，その先は自力で行える。そこから先は，グループでなくても大丈夫。

個人で取り組むのか，グループを生かした方がよいのか。慣れている生徒たちの中では，そういう使い分けは明確です。そういう生徒たちの場合は，グループを使いたいという雰囲気を察知して，よいタイミングで声をかけてあげるだけで，話し合いが生まれます。

それは教え合いというよりも，互いが対等に困っていて何とかしたいという意味で，学び合いという言葉の方が，合っているように思います。

GCを使う場合でも，常にみんなが集まるわけではありません。問題文を読んで，与えられている図はその確認程度で済んでしまうような場合であれば，さっさと計算や証明に向かってしまう方が効率的です。割り切る生徒はシビアです。さっさと一人で解決していきます。

でも，**図を動かして調べることを前提とした問い**であれば，問題文だけで独力で解決できるはずがありません。

そこに，調べるべき現象がある。それが1つのタブレットPCを4人で共有しなければならないとすると，そこに体が集まってくる。観察すべき現象に視線も集まる。

誰かの指が図を動かして何かに気づけば「なるほどね」。それが理解できない子からは，「え，どういうこと？」と言葉が出る。「だってさ」という言葉と一緒に，「こう動かすと，こうなるでしょ」「あ，そういうことなんだね」のように，非常に活性化された世界がそこにあるのです。

集団の中で一緒に明らかにすべきものがあるときには，4人の体は近づいています。でも，例えば証明をすべき方針のようなものが見つかると，そこから先の

「4人」と「1人」を切り換える

証明は個別に行うべき活動です。

グループ隊形ではあっても，サッと個別活動に切り替わる。これも魅力の一つなのです。

4.4

自分たちの感覚に則した疑問・仮説を
主体的に検討する

　グループの中では，思いついたことがそのまま言葉になっていきます。少人数の中で投げかけている対象の一人が自分であれば，それを受け止める責任があります。

　教室全体の誰かが答えるだろうという気楽さと違って，自分に向けられたメッセージには自分が答えないといけない**当事者意識と緊張感**があります。

　私が観察したグループでの様子をいくつか紹介させていただきます。

　2006年10月に，附属名古屋中学校で後藤義広先生が，いわゆる水くみ問題を少し変えた実践に取り組んでいたときのことです。後藤先生と，**特殊な場合から始めて最短でタッチする場所がどう動くかを予想させる**のはどうだろうかという話し合いをしました。

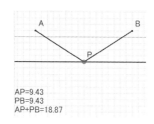

AP=9.43
PB=9.43
AP+PB=18.87

問題の図

「Aから直線にタッチして，Bに最短距離で行きたい。どこでタッチするといいかな？」

「真ん中」

「確かにそうだね。では，この図の中の点Aを上に移動します。最短になる場所はどちらに動くでしょう？」

あるグループの男子が，「右でしょ」とつぶやきました。でも，隣にいる女子が言います。

「何言っているの。左に決まっているでしょ。こうなっているのがこうなるんだから」

彼女が手で示しているのは，どうもABの垂直二等分線のようです。

ABが水平ならその垂直二等分線は中央を通る。でも，Aの方が上に上がれば，ABは左が上になるので，垂直二等分線は傾き，その交点は，図のように左側に動く。

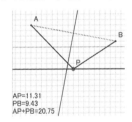

AP=11.31
PB=9.43
AP+PB=20.75

ABの垂直二等分線

そういうことを手の素早い動きと言葉で伝えています。男子の方は，その勢いに押されて反論できないままでいるようです。

「じゃあ，確認してみようか。みんなの予想は当たっていたかな」

予想に反して，右側の方で測定値が小さくなっています。

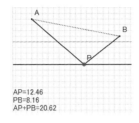

AP=12.46
PB=8.16
AP+PB=20.62

A 測定値が小さくなっている

どんな会話になるのかなと2人の方を眺めてみると，女子は「えっ」というような表情をし，男子の方は，「やっぱり俺の方が正しいんじゃないか」という表情を送ろうとした瞬間に，女子はまるでさっきの予想なんてしていなかったような表情に変わっています。**会話記録には残らないバトル**を実感しました。

その後，点Bを直線に関して対称点B'をとり，AB'の交点をとれば，図のように最短経路となる点をとれることを学びました。

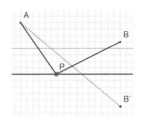

最短経路となる点

でも，別のグループのところで，女子二人が熱心に話し合い，紙の上で作図をして確かめています。何をしているのか気になりました。

やり取りを聞いていると，どうも出発点は，「先生はBの対称な点B'を使ったけれども，Aの方の対称点を使ってもいいはずだ」ということのようです。

「どちらを使っても同じ点が見つかるのだろうか？」という問いが生まれ，作図して確かめたところ，ずれてしまった。2つの点はずれるはずなのか，それとも重なるはずだけれども，作図がうまくいっていないので，ずれてしまったのかどちらなんだろうと。

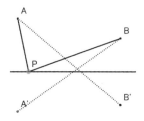

A'の位置が少しずれている

いろいろなところを測定して検証する中で，A'の位置が少しずれていることに気づき，2人で「なんだー」と笑顔になり，学級全体で取り組んでいる問題の方に戻っていきました。

みんなの前で発表するような内容ではありません。でも，**2人だけの学び**が確実に，そこにありました。

CHAPTER5

教科書の問題を探究してみる

5.1
教科書の図形の問題を
動的に探究してみる

　よほど数学教育が好きな方でない限り，**教科書から離れた教材研究**を日常的にする方は少ないでしょう。日々行っている授業のための準備として行う。しばらく先に担当している研究授業のために行う。自分が取り組みたいと思っている研究課題を進めていくために行う。

　そういう感じで，何らかのねらいがあって行うものだと思います。そして，多くの場合，実践のモトになる，教科書などに準拠した標準的な授業があるでしょう。

　ICT 活用などを考える場合，その**標準的な授業で使われているものを ICT に置き換えたとき，どんな変化が生まれるのか**。それが出発点になります。

　板書しなくても，教科書の問題と図を電子黒板に提示するだけのことであっても，例えば，それによって生徒全員の視線が電子黒板に集まります。そこに自分が立っていれば全員の視線を一身に受けることができます。

　これは大きな利点です。あるいは，レーザーポインタやタブレット PC などをクリックするだけで，画面提示や次のスライドへの切り替えができるなら，前にいるのではなく，生徒の中にいて授業を進めることができることに利点

を感じている方もいるかもしれません。標準的な振る舞い
を変えることで，授業のねらいがより適切に実現できるか
どうか。それが基本的な目のつけどころです。

　特に GC のように図への接し方が，教科書などで前提
にしている**静的なものから動的なものに変わると，生徒の
活動そのものが実質的に変わる**ことも多いので，生徒目線
で何を感じるのか，それを前提にすると，教師の行動は何
を変えられるのか。想定している目標を実現しやすくする
場合もあれば，違う目標にシフトした方がよい場合もあり
ます。

　**かなり違った目標を目指した授業と割り切った方がよい
場合**もあります。ICT 利用が，思考の道具の変更を意味
する場合，探究は大きく変わります。多様な探究のあり方
を柔軟にイメージし，価値づけをし，そして生徒たちがど
う活躍してくれるかをイメージしながら教材研究を深める
ことが大切になるのです。

　本章では，教科書にも掲載されているいくつかの具体例
について検討し，次章では探究の観点からの教材研究に関
する基本的な視点について述べていくことにします。なお，
これらの教材研究を行ううえでは，関連して**自分なりにそ
の問題を，ICT を使って探究してみたり，どんな事実を観
察するとどんな問いが生まれるかを分析したりする**ことも
必要です。

5.2

四角中点を探究する

　四角形の４つの辺の中点を結んでできる四角形の問題。私が使ってきた略称「**四角中点**」を使わせてください。この素材はどの教科書でも，例題などに位置づけていて，様々な工夫がなされていることが多いです。お使いの教科書では，どんな発問により，生徒のどういう活動を想定していますか。

　紙の上の静的な図，紙の上にフリーハンドでかく図，頂点を動かせる教具，デジタルコンテンツなどが使われていますが，生徒にどんな活動をさせることが想定されていますか。

　例えば，啓林館の教科書では，次のような問いがあり，生徒にフリーハンド，あるいは定規などを使いながら図をかいて観察することを求めています（新興出版社啓林館『未来へひろがる数学３』，令和３年度用，p.142）。

　四角形 ABCD をかき，４辺 AB，BC，CD，DA の中点を，それぞれ，P，Q，R，S とします。

　このとき，四角形 PQRS は，どんな四角形になるでしょうか。

　ABCD がどんな四角形かはかかれていません。生徒が「どんな四角形でもいいんですか？」とたずねたら，きっと「そう，みんなそれぞれ好きな四角形をかいていい」と先生は発言するでしょうね。40人いたら，40個の思い思いの図があるわけです。

　「PQRS はどんな四角形になりましたか？」という問いに対して，指名された生徒は「ひし形」というかもしれません。「同じようにひし形になった人？」と挙手を求め「他には？」「平行四辺形」「平行四辺形になった人（多数）」…などを経て，「どんな四角形であっても，PQRS は平行四辺形」と予想をまとめ，証明に取り組むという流れがイメージされます。

　フリーハンドによる図の活動を，次のような GC の図をもとにするとしたら，どう変わるでしょう。

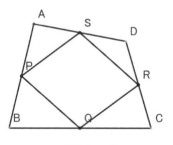

GC の図をもとにする

　発問は，「**四角形 ABCD の４辺，AB，BC，CD，DA の中点をそれぞれ P，Q，R，S とします。これらを結んで四角形 PQRS をつくりました。A〜D を動かしていろいろな場合について調べてみましょう。PQRS はどんな形にな**

りますか？」というのが最もオーソドックスでしょうか。

　動かして調べることによって，一つの場合を調べるのではなく，いろいろな場合を観察することに活動は変わります。いろいろな場合として，どんな場合が観察できたかをたずねることもできますが，どんな場合を調べたらよいだろうと，事前にたずねることもできます。

　あるいは，動かして観察することを前提にするなら，**「ここに図があります。A～D を動かして観察してください。この図はどんな図ですか？　観察するとどんなことがわかりますか？」**というような，紙を前提とするならあり得ないような問いをすることもできるかもしれません。

　最初に提示する図として，先ほどの図では一般的な四角形，つまり特別な性質をもっていない四角形から始めていますが，特殊な場合から出発する手もあります。**「図のように，最初 ABCD が長方形だったら，PQRS はひし形。ABCD を変えたら PQRS はどうなるでしょうか？」**と問うこともできます。

　極端な場合として，A と C が重なっている図をイメージしてみてください。次ページ左図のようになりますね。BD を結んで右図のようにしていたら，これは中点連結定理の図ですね。中点連結定理の復習をして，頂点のところを残しておきながらその複製の点を下に下げていってこの問題を提示する。同じ図でも，こんな感じに使うと授業の流れはまったく違っていくことになります。

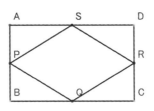

長方形の場合

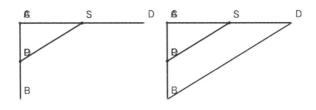

極端な場合

　啓林館の教科書では，一般的な証明を扱った後，次の問いに続きます（新興出版社啓林館『未来へひろがる数学3』，令和3年度用，p.143）。

> 　四角形 ABCD の対角線の長さが等しいとき，四角形 PQRS はどんな形になりますか。

　例えば，この問いの前の証明において，中点連結定理の図を使って AC に対して，PQ＝SR となることを赤色で書き込んでおくとします。

　教科書の証明では，対角線を1本だけ引いておいてPQ//SR と合わせて PQRS が平行四辺形になることが扱われていますが，きっと授業の中では，別証明として，対

角線を2本引いて PQ＝SR，PS＝QR を使う方法もある
ことを発表する子もいるでしょうね。

　すると，赤色と黄色で色分けをしているかもしれません。
そこに，AC＝BD という条件が加わるとどうなるかとい
う文脈で，この問いを考えようという流れになっていること
が想定されます。

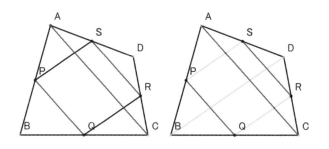

補助線を書き込む

　証明をした後で，辺の長さの測定を表示しながら，「確
かにそうなるね」というのを確認するような扱い方もでき
そうです。

　一方，上記の問いが，生徒が調べて結果からの仮説とし
て登場するようにすることは可能でしょうか。その場合，
まずいろいろな場合を調べた観察結果として，次の命題に
注目することになります。

　ABCD が長方形のとき，PQRS はひし形になる。

　そして，ABCD が長方形でなくても，PQRS がひし形
になる場合を発見し，それを突破口に，どんな条件を満た

すと，PQRS はひし形になるのだろうかということを考
えるという流れです。

可能であれば，実際に GC を使って，このことについ
て調べてみてください。かなり苦戦すると思います。

実際に，PQRS がひし形になるような場合を 4 つ列挙
してみました。

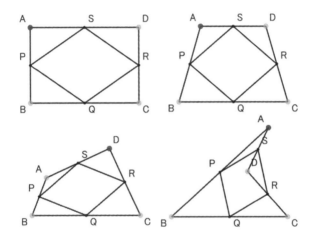

PQRS がひし形になる場合

この図を見て，これらの ABCD に共通する性質を言葉
で表現してみてください。あなたなら，即座に AC＝BD
といえますか。難しいのではないかと思います。

一方，PQRS が長方形になる場合もほぼ同等の問題と
いえるわけですが，こちらはどうでしょう。

実際に，PQRS が長方形になる場合を 4 つ列挙してみ
ました。

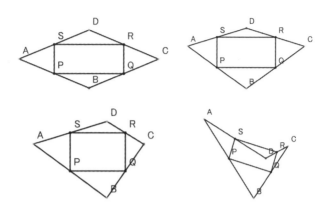

PQRS が長方形になる場合

　どうでしょう。こちらに関して AC⊥BD ということを気づく方がずっと簡単なのではないでしょうか。

　こちらの問題で中点連結定理に条件を加えることで問題が解決することがわかったうえで，PQRS がひし形になることを扱いたいとするなら，さっきは対角線の直交条件だったので，やはりそれにかかわって扱うとすると，逆にたどれば，AC＝BD だったらうまくいくはずだという道筋を見つけることが，生徒にとってもちょうど適切な難しさに変わっていくことを実感していただけるかと思います。

　そういう活動を生徒の数学的活動の中心として位置づけていくとすると，授業全体をどう設計していったらよいのか。そのようなことを考えることが，**探究の観点から，教材開発をしていくこと**に相当するのです。

5.3

円周角の定理を探究する

　図形を動かしても変わらない関係がある教材。動的な探究が適している素材の代表に，円周角の定理があります。デジタルコンテンツの扱い方によって，様々な展開が可能な代表的な例の一つでもあります。啓林館の教科書では，教科書に大きな円Oがあり，次のような問いがあります（新興出版社啓林館『未来へひろがる数学3』，令和3年度用，p.161）。

　下の円Oで $\overset{\frown}{AB}$ を決めて，$\overset{\frown}{AB}$ を除いた円周上に点Pをとり，∠APBをつくりましょう。

　点Pの位置をいろいろ変えて，∠APBの大きさを測ってみましょう。

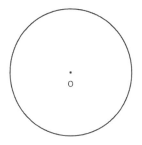

$\overset{\frown}{AB}$ は教科書では指示されていませんから、生徒によって異なります。それぞれの $\overset{\frown}{AB}$ があり、P を円周上に自由にとって∠APB を分度器で測定するのでしょうね。

すると、生徒によって大きさは異なるけれど、それぞれの生徒にとっての∠APB はいつも同じ値になる。分度器ですから、若干異なることもあるかもしれないけど、ちゃんと測定するとどうなるか、という話し合いでもしながら、同じ大きさになることを確認するのだろうと思います。

分度器を使うよりも、GC のようなデジタルコンテンツを使えば正確に測定できるので、こういう事例には適していそうと、一見思えるかもしれません。

実際は、違うのです。

20年以上前になります。川崎市内の中学校で、次図のように∠APB を測定し、点 P を円周上で動かせる図をグループごとに動かして調べる課題に取り組んでいた生徒たちのつぶやきが印象的でした。

「これ、つまんないよね」「うんつまんない」「何も変わらないもんね」「うん。変わらない」

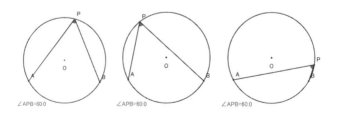

点 P を円周上で動かせる図

　Ｐを動かしたら図の中の何かが伴って変わるはずなのに，何も変わらない。だからつまらないというわけです。そもそも，彼女たちの中で，点Ｐが動いたら∠APBは変わってもおかしくないはずだという気持ちがありません。

　いや，そこに表示されている数字が，角を測定しているものなのだということさえ，意識されているかどうかあやしいです。

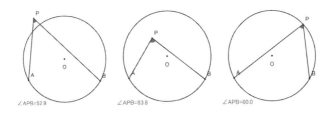

∠APB=52.9　　　　　∠APB=83.8　　　　　∠APB=60.0

点Ｐの束縛をなくした図

　Ｐの束縛をなくして，自由に動かせるようにしました。「あ，Ｐが動くと，∠APBが変わるね」「うん。変わる」「こうすると大きくなるし，こうすると小さくなる」「円に近いところだと，60°に近くなる」「うん確かに」

　この経験を踏まえてから，またＰを円周上だけを動くように戻して操作しました。すると，まったく同じ画面を観察しているのに，次のように言葉が変わったのです。

　「面白いね」「うん，面白い」「わかりやすいね」

　つまり，Ｐが動けば∠APBは変化するものなのだけれども，円周上を動かすと，「変わっておかしくないものが，ここだったら変わらない」ということを目の前で確認し，

「面白い」とか「わかりやすい」という言葉になっている
のです。

　分度器を使う場合には，ちょっとずれていると，ぴった
り60°になるわけではありません。でも，60°に近いとこ
ろになる。きっとぴったり円周上になったら，角度の方も
60°になるということを，誤差があるからこそ実感してい
るのです。誤差がなくなってしまうと，そういう理解がな
くなってしまうのです。
　だから，同じような体験をデジタルコンテンツで行うた
めには，**「ぴったり合わないイライラ感」**と**「円周上にぴ
ったりのせれば数字もぴったりするスッキリ感」**の両方を
体験できるようにすべきなのです。
　そういう意味で，円周とPがあるけれども，何も制約
がないような図で調べてみるという体験と，Pを円周上に
のせたらどうなるかという条件あるいは仮説をイメージし，
実際にそうしたらどうなるかを観察し，検証するという一
連の流れを数学的活動として組み込んでいくことが適切で
しょう。

　ちなみに，そういう制約の有無を切り換えるには，多く
の動的幾何ソフトでは束縛条件の設定などを，メニュー操
作などをすることで行うことが多いのですが，GCでは，
ちょっといい加減だけど，多くの場合で簡単に思いが実現
する機能として実現しています。

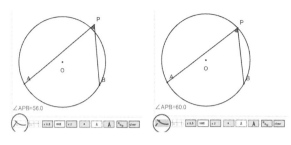

最も近い幾何的対象に吸着する機能

　左下のボタンを押すと，「最も近い幾何的対象（線，円，点など）に吸着する」という機能です。もう一度押すと，フリーになるわけです。例えば，四角形の辺上を動くというような場合に威力を発揮します。

　こういう機能は，主として中学生が授業の中で機能を切り換えたりするときに，なるべくソフトの使い方のことを考えずに，数学的にやりたいことを考えることに集中できるようにすることを考えて開発しています。

　教科書では，「$\overset{\frown}{AB}$ を除いた円周上に点 P をとる」という記述をします（新興出版社啓林館『未来へひろがる数学3』，令和3年度用，p.162）。教科書だから当たり前のことですが，最初に生徒が接する問題文としては，ちょっと違和感を覚えますよね。単に「円周上に点 P をとる」で進めてしまうのも一つの方法です。どこかで指摘してくれるでしょう。「先生。上側と下側では∠APB の大きさが違います」「確かにそうだね。じゃあ，どういう条件でまとめたらいいかな？」と，適切でない部分を除外して命題を表現する練習とすることもできるかもしれません。

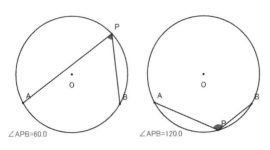

∠APB=60.0　　　　　　　∠APB=120.0

点PがAからBまで動く間で…

　定理の発見に続いて，証明があります。学生に指導案を
つくらせると，デジタルコンテンツを使って解説をする指
導案になることが多いです。なんで，生徒に発見させる余
地をつくりたいと思わないのだろうと，いつも不満に思い
ます。

　「点PがAからBまで動く間で，ここだったら簡単に
証明がつくれるという特別な場所がある。そこになったか
なと思ったらストップと言ってね」みたいなセリフを語っ
て，PをAからBまで動かしてみる。きっと最初はどこ
でストップって言っていいかわからないから，気がつくと
Bまで行ってしまう。

　「おい。もう着いちゃったよ。もう一度チャンスあげる
から，見過ごすなよ」とか言いながら，Pを動かす。生徒
から見て，特別そうな場所ってOを通るときしかないん
ですよね。だから，きっと何か理由づけも言ってくれる。
「中心を通る特別な場合だから」「PBが直径になるときだ
から」「PBが一番長くなるときだから」など。

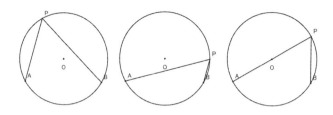

二等辺三角形が隠れている

　中心角を見えるようにするために書き込もうと言っても
いいですし，ここに補助線を追加すると，特別な形が見え
てくるというような言葉でもいいでしょう。

　そして，書き込んだ図の中に，二等辺三角形が隠れてい
ることを発見する。2つの底角を〇で表すと，三角形の外
角として，中心角が〇〇で表現できることがわかる。

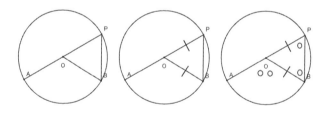

補助線を追加してみる

　隠れた二等辺三角形が，実は鍵だったのだ。ということ
は，ちょっと違う場合でも，隠れた二等辺三角形を見つけ
るように，補助線を追加してみると，よさそうだ。そうい
う方向性を指示した後，（タブレット PC などではなく）
紙の上で，あるいは図が印刷されているワークシートの上
で，取り組むようにすべきです。

　補助線を引いて隠れた二等辺三角形を探すという活動を

するうえで，図形を動かして動的に調べるということは，
適切ではありません。むしろ，動かない図の上に補助線を
書き込んだり，○や×の印を書き込んだり，そこで証明を
見通せたら，証明を文章として書くという作業に向かうべ
きなのです。そして，そのための最適な道具は，タブレッ
ト PC ではなく，紙なのです。

　探究の観点から考えるということは，そういう**思考のた
めの道具として適切なものを考える**ことも意味しています。
ちなみに，上記の活動は，グループで1台とか1人1台の
活動ではなく，プロジェクタなど，教室に1つの大きな画
面での動きを全員で観察する方が適切でしょう。

　円周角の定理は，最初から円が存在しています。現実問
題から考える自然さでいえば，円周角の定理の逆の方が導
入としては適切かもしれませんよね。例えば，次の3つの
問題，よく似ていますが，その後の展開を考えると，かな
り違いが出てしまいます。その差はわかりますか？（P は
AB の上側の方だけにとることにしておきましょう）

問題1　定点 A，B があり，動点 P がある。∠APB＝
50°になるような点 P をプロットしなさい。

問題2　定点 A，B，Q があり，動点 P がある。∠
APB＝∠AQB になるような点 P をプロットしなさい。

問題3　定点 A，B があり，動点 P がある。∠APB＝
60°になるような点 P をプロットしなさい。

例えば，問題１，２のそれぞれに対して調べた結果が，次のようになったとします。「Ｐはどこにとったらいい？」と投げかけたとすると，どんな答えが返ってくるでしょう。

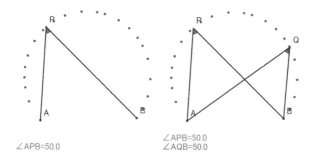

∠APB=50.0

∠APB=50.0
∠AQB=50.0

Ｐはどこにとったらいい？

左側では，たぶん「円」としかいえないのです。右側であれば，△QABの外接円ということができます。60°の場合は一見50°の場合と同じに感じますが，ABを１辺とする正三角形を作図すれば，その外接円といえます。

ちょっとした違いでも，その後に影響してくるのです。

5.4

等積変形を探究する

　動かしても変わらない例として等積変形もあります。

　教科書でいえば，△ABC に対して，底辺 BC が共通で，高さが等しい三角形であれば，面積が△ABC と等しくなるので，AD∥BC ならば，図のように AH＝DK となり，△ABC＝△DBC が成り立つという構成になります（新興出版社啓林館『未来へひろがる数学 2』，令和 3 年度用，p.142）。

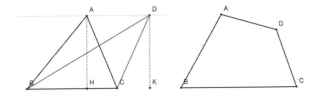

AH＝DK となり，△ABC＝△DBC が成り立つ

　あるいは，四角形 ABCD と面積が等しい三角形をつくるにはどうしたらよいかということを考えるうえで，点 D を動かすなら，形が変わらない△ABC の部分と形が変わる△DAC の部分を分けて考えるように補助線 AC を引き，△DAC に対して，等積変形の考えを使うためにどこを底辺とすべきか，どこを通って何に平行な直線を引くべきかと考えを進めていくことになります。

　デジタルコンテンツを使う場合に，同じ思考の流れにすべきなのでしょうか。そのような流れでいく場合に，スモールステップで少しずつ，ここはわかったかな…ということは，こうなるはずだよね，というような学習の流れはつくりやすいですが，生徒の観察とか，気づきあるいは言語活動のようなものを活性化することはなかなか難しいです。**確かめとしての使い方**が中心になるかもしれません。

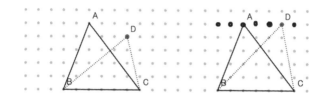

点Dをどこにとったらいいだろう？

　ある中学校で取り組んだときには，左図のように方眼があり，**「点Dをどこにとったらよいだろうか？」**という問いにしました。興味深かったのは，右図のような生徒が多かったことです。

　高さが共通なところをプロットすればよいということはわかっていそうです。どうしてそこでいいのか聞いたら，「だって，△ABCの高さがここで，△DBCの高さがここで，両方とも5で等しいから」というでしょう。

　違う発問もできそうです。**「点はいくつとれたかな？」****「1つ？　2つ？　3つ？」**と聞いていく中で，7つというところで何人もの手が挙がりそうです。ちょっと怪訝そ

うな雰囲気で，「7つ」…ちょっと間をおいて「だけ？」と聞いてみるとよいのではないでしょうか。

　もっとありそうということを実感し，鈍角三角形でも大丈夫ということがわかったら，外にマークを増やしていく生徒もいるでしょう。点と点の間でもいいはずだと思う生徒は，間に点をとったり，結んで線分をかいたりする子もいるでしょう。そういう思考を生み出すことが，格子点を使う意図ということになります。

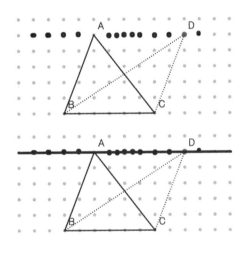

直線の上ならどの場所でも△DBC の面積は△ABC と等しくなる

　これを踏まえて，直線の上ならどの場所でも△DBC の面積は△ABC と等しくなるはずだという気持ちをもってから図を動かす解説を見るとかなり印象が変わります。

　格子点はかかずに，点 D を自由に動かす図も候補です。測定値の表示の有無も，選択肢です。わかりやすさの違い

だけではありません。それによって，生徒の活動が大きく変わるのです。

　でも，この図の場合には格子点，あるいはうすく方眼をかいておくくらいでよいでしょう。面積を計算したい生徒は底辺と高さを数えて暗算する。平行線を意識したい生徒は格子を手がかりに正確にそれを引く。思考の邪魔にならないくらいの存在が格子だと思います。

　測定値は，思考の邪魔をしてしまうこともありそうです。測定値を表示するなら，BC が水平な場合ではなく，斜めになっている場合がよさそうです。

　四角形 ABCD があるとき，それと等しい面積をもつ三角形をつくる問題の場合も同様です。測定機能のつけたコンテンツにするか，それをつけないコンテンツにするかによって，どんな生徒の活動があると思いますか？

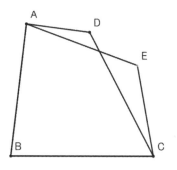

四角形 ABCD と等しい面積をもつ
三角形をつくる問題

　測定値がある場合は，この場所は ABCE の面積が

ABCD の面積と等しくなる場所という実験結果として，
点をプロットでき，それらが左図のような形で得られます。

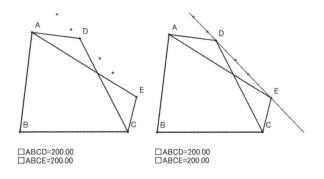

□ABCD=200.00
□ABCE=200.00

□ABCD=200.00
□ABCE=200.00

ABCE の面積が ABCD の面積と等しくなる場所

それに続く問いは，**「これは何？」**ですよね。

「直線」という曖昧な言語表現があり，

「直線だけではどの直線かわからない。聞いた人がわか
るように明確に表現しよう」
と求め，「AC に平行で，点 D を通る直線」という言葉に
辿り着き，「どうして，この直線の上だったらいいのだろ
う？」という問いにつながります。

　ここで，既習事項の等積変形を思い出すという流れがよ
いのか，ここから等積変形のアイデアを導入する方がよい
のか，２つの選択肢があり得ますね。

　特に，導入として扱う場合は，教科書とはかなり違う位
置づけになります。

　一方，測定機能を使わない場合だとどうでしょう。

　点 E を動かしながら次図の左は明らかに ABCE の方が
ABCD よりも小さく，中央では ABCE の方が大きいです。

　途中で等しくなりそうな場所がありそうだけど，右図く
らいが見た目的にはよさそうです。でも，確信がもてませ
ん。

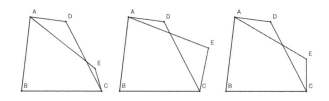

測定機能を使わない場合

　共通部分は無視するなら，２つの三角形の面積に注目す
るとよさそうです。でも，これらだけでは比較できないの
で，AC を追加してみると，…という展開。

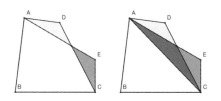

AC を追加してみると…

　等積変形のアイデアを使うと変形できることを強調した
いなら，「**この図の中に（隠れた三角形を見いだし）底辺
とそれに対する平行線を決めよう**」という問いになり，次

図のように示すという使い方もあるでしょう。

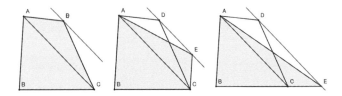

底辺とそれに対する平行線を決めよう

　それぞれ，**生徒に委ねる活動**がかなり違います。このクラスに適した活動を先生が選択し，それに依存してコンテンツも選択し，授業の流れが構成されていくのです。

CHAPTER6

探究のための教材研究をする

6.1
すべての子にチャンスを与える

　特定の生徒だけが活躍できる授業を，最初から想定している先生はいないと思います。でも，図形の授業，特に証明がかかわる授業になると，冒頭から授業に参加できない生徒がいないとは限りません。できるだけ多くの子に，いろいろなチャンスを提供したい。証明まで全員参加できるかどうかはわからないけど，せめて最初だけでも。そのための道具として，作図ツールは使える余地があります。

(1) とりあえず，誰にでもできることを提供する

　いろいろな場合を調べるのは，図形の中の緑の点をつかまえて動かすだけで，誰にでも可能です。∠APB＝60°になるように点を動かして点をプロットする（あるいは記録ボタンを押す）ことも，誰

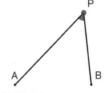

∠APB=51

点を動かす

にでも可能です。点Pと点Qを同じスピードで動かすことは，1人では難しいかもしれないけど，2人で協力しながら取り組んでみることは，きっと誰にでも可能です。

　このような，特別な操作方法を事前に学んでいなくても取り組めることを作図ツールは提供可能です。

（2）注目に値する具体例をつくる

　四角形についていろいろな場合について調べる場合，動かしてつくれる「場合」はほぼ無限です。画面の大きさが2000×1000ならば，一つの点の位置は200万通り。四角形はそれら4つの組合せなので，200万の4乗。

　つまり，私たちにとってはほぼ無限です。40人の生徒が想定する四角形の中の代表的なものを一つ選ぶわけですから，砂浜で一つずつ砂を拾ってくるような行為なのです。

　例えば，四角中点の事例を考えてみましょう。

　台形のときにどうなるかを調べるとします。普通の生徒は，特別な条件を満たさない図形として，左上のような図をつくるかもしれません。この場合にはPQRSは特別な性質をもたない平行四辺形です。

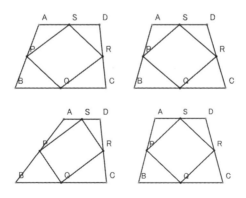

ABCD が台形のとき，PQRS はどうなる？

でも，現実には，ABCD が台形ということであれば，PQRS はひし形になることも長方形になることも，正方形になる場合だってあります。

学級の中で，これらが一つあるだけで，

「あれ，○○くんがつくってくれた図を見ると，平行四辺形じゃないものもあるっていうこと？　本当かな。ちょっとみんなで確かめてみようよ」

と投げかけることができます。

○○くんが，そういう意図でつくっていたかどうか，それはわかりません。偶然ということが多いでしょう。でも，自然科学における発見にはかなり偶然の要素が伴っていることが多いです。

同じように，発見のチャンスは誰にでもあるということを，授業の中でも実現することによって，全員が参加できるチャンスを増やすことになります。

例えば，円周角の逆の事例において，∠APB＝60°となる点をとる場合について考えてみます。数多くとると，最終的には右のようになるでしょう。

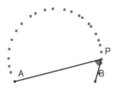

∠APB＝60°となる点

でも，例えば，たくさんとっていく中で，10個までの途中段階での様子を想定してみましょう。

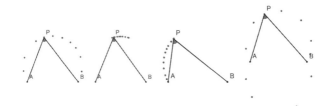

10個までの途中段階での様子

　それぞれのグループでの様子として，図のようなものが想定されます。これを見るだけでも，戦略の違いや精度へのこだわりの違いなどが感じられて，興味深いですよね。それって，学級で共有する価値があると思いませんか？

（3） グループの中で解消可能なちょっとした疑問を生む

　例えば，ABCD を平行四辺形にしたいと思ったとします。見た目的に平行四辺形だとしても，確かめたくなったりしますよね。

　「これでいいかな」

　「何つくりたかったの？」

　「平行四辺形」

　「上と下は見た目的にも平行だけど，両側の斜めになっているのは，平行っていえるのかな？」

　「ここの長さと，ここの長さが同じだったらいいんじゃないかな」

　こんな会話がきっとあちこちで生まれます。先生に言われた問題の正解を友達に聞くというのとは，まったく意味が違いますよね。

（4）言語活動のきっかけを提供する

　上記は疑問から生まれる会話ですが，それ以外にも，

「うまくできた？」

「いいと思うよ」

「なかなか60°にならないけど，どうするといい？」

「横より上の方がやりやすい」

「確かに横だけ急に角度が変わるね」

　その他，図形の状況を記述するための言葉，どういう動きをさせるとよいかという言葉，満たしたい条件やその判定などにかかわる言葉など，いろいろな言葉をグループの中で発する機会と素材を提供します。

　同時に，そういう会話をすることの楽しさを実感してくれると思います。

　他にも，いろいろなチャンスがありますが，少なくとも証明を書くという高いハードルの前に，いくつか活躍できるチャンスが用意されていることを実感していただけるのではないでしょうか。

6.2
数学のよさを
実感できるようにする

　数学の授業の中での ICT 利用を考えるうえでは，この視点は外せません。自分たちがすべきことはないと感じるなら，その ICT 利用はいらないと思います。

　今までの大変な作業を省力化してくれる利点として，**より本質的な活動をすることができると実感できるように，次のステップを提供**できなければ，あまり意味がありません。

　大きくシフトチェンジするには，カリキュラムを変えなければいけません。高校の**理数探究**などが該当するでしょうが，多くの場合，数学の授業でねらっていることはそれほど大きく変わっていません。きっと，そこでねらうべきは，**数学のよさ**です。それを個別の事例に応じて，体験として実感できるようにすることだと思います。

　例えば，四角中点の場合でいえば，四角形の種類をもとにいろいろなことを調べてみました。でも，台形や一般の四角形のところではすっきりしない結果になってしまいました。すっきりさせることができるのでしょうか。

　中点連結定理を使ってみてわかることは，対角線の長さの相等性や直交性という，性質に注目することですっきり

させることができました。形で考える段階から，性質を考える段階に一段上がることは，元々中学校の図形指導でねらっていることです。その利点を実感できることになります。

　ABCD が台形のときに PQRS に複数の形があって，議論になるとします。これを解決するうえで，試行錯誤をするうえで具体的な事例にこだわるというのは，これは数学のよさなのか，それとも違うのかどちらでしょう？

　きっと数学を生み出している方々は，そういう**具体例の重要性**って，実感されているのではないでしょうか。そういう意味では，数学での具体例の意義に注目することになります。

　円周角の定理の現象って，P を動かしているときはいつでも同じように角の大きさは一緒です。でも，AP が中心を通るときだけは，証明を見抜くことができる特別な場合です。しかも，他の場合には，隠れた二等辺三角形が見つかるように補助線を引くと，その特別な場合の組み合わせで処理できたりします。

　きっと，そういうことを見抜いた瞬間に，生徒の表情はパッと明るくなって，「そうか。わかった」というようなつぶやきが出てきます。

　そういう瞬間を引き出すようにしていきたいです。

　それが受け身的な無表情に変わるようなら，やめた方がいいでしょう。

6.3

図を工夫しながら発問を変える

　発問の工夫をするのは，授業の基本です。一方，図形を動かすことができることが前提になると，どんな図を与えるのか，それに対して何をするのか，そこから何を気づくはずか…などを検討すると，**発問の工夫の可能性が，静的な図の場合とは違ってくる**ことを実感すると思います。

　四角中点の例で考えてみましょう。

　四角形 ABCD の 4 つの辺，AB，BC，CD，DA の中点をそれぞれ P，Q，R，S とし，これらを結んで四角形 PQRS をつくります。PQRS は平行四辺形になることを証明しなさいというのが，いわゆるクローズドな問題ですね。最近は，少しオープンな問いとして，次のような問題が多いかもしれません。

　四角形 ABCD の 4 つの辺，AB，BC，CD，DA の中点をそれぞれ P，Q，R，S とし，これらを結んで四角形 PQRS をつくります。PQRS はどんな四角形になりますか。

　でも，これがオープンであるためには，結果が見えてしまっていてはちょっと違和感があります。だから，フリー

ハンドでかかせてみる方が自然です。

作図ツールで示す場合，見せる前に予想させるなら，上記のオープンな問いでもいいですが，いろいろな場合を調べるなら，次の問題の方がいいかもしれません。

四角形 ABCD の４つの辺，AB，BC，CD，DA の中点をそれぞれ P，Q，R，S とし，これらを結んで四角形 PQRS をつくります。ABCD をいろいろな四角形にしてみましょう。それぞれの場合において，PQRS はどんな四角形になりますか？

また，作図ツールで提示する場合には，いろいろな場合を観察することができますから，少し乱暴ですが，こんな問題も可能です。

ここに図があります。ABCD をもとに PQRS がつくられています。どのようにつくられているのでしょう。

図を観察して P～Q が A～D とどんな関係になっているか言語表現させ，上記の問題文を生徒の観察力から構成していくというものです。実際にはその後，いろいろな場合を観察して表などにまとめるということになるでしょう。

ところで，この問いは，それに答えておしまいということにはなりません。

　ここまでの問いでは，単にいろいろな場合を観察して，言葉で表現しておしまいですから，中学生らしい数学はありません。

　結果を踏まえて，次の問いを発すると思います。むしろ，こちらの方が主発問と言ってもいいでしょう。

「結果を観察するとどんなことに気づきますか？」

　観察した結果として，

・どんな場合でも，平行四辺形になる。

・PQRS が正方形になる場合もある。

　前者は，どんなときも成り立つという一般性に注目することは数学の基本であることを踏まえつつ，それを証明しようという流れになるはずです。

　後者は，この事実を踏まえてどういう問いをつくるのかが問われます。

　観察結果をそのまま問いにするなら，**「ABCD が正方形のとき，PQRS は正方形になることを証明せよ」**です。

　ここでの観察結果だけからは，「PQRS が正方形になるのは，ABCD が正方形のときだけ」と言いたいけれども，実際にはそんなことはありません。

　それを扱いたいとすれば，漠然と「ABCD が正方形という特殊な形だったら，PQRS が正方形になるのは，ある意味当たり前」と感じているところに，どういう揺さぶりをかけることによって，証明すべき価値があることを実感させられるかが問いの流れを構成していくときのポイントともいえるでしょう。

　つまり，ここでの問いというのは，観察をもとに命題を
まとめつつ，さらに他の具体的な観察結果を取り上げなが
ら，次の問いにつなげていくことを想定しています。一つ
の問いというよりも，問いから問いへの連鎖をつくってい
く中で，次第に取り組む価値があることを生徒たちに実感
してほしいという問いの構成になっているのです。

　他にも，動かし方や注目の仕方によって，これまでのも
のとは違う種類の発問をつくることもできます。例えば，
CHAPTER5での検討をもとにしたら，次のような観点の
発問としてどんなことが考えられますか？

・ABCD の中の１つの点を動かしたとき，PQRS の種
　類が変わらないことに焦点を当てた発問
・ABCD の中の２つの点を動かしたとき，PQRS の種
　類が変わらないことに焦点を当てた発問
・ABCD の四点をうまく動かせば PQRS は動かないと
　いうことに焦点を当てた発問
・図の中にある４つの三角形と１つの四角形の面積に
　注目した発問
・動かしたときに，ABCD がいわゆる四角形でなくな
　ってしまったときに注目した発問
・ABCD が立体に見えるという指摘があったときの発
　問

6.4

思考のサイクルを生み出す

　与えられた問題について，あるパターンを当てはめて答えを出す。数学の問題というと，そういう一直線的な解決を想定する方も多いかと思いますが，これまでに示したような事例が示唆するのは，最初の問いに対して一通り調べてみて，その結果を吟味してみると暫定的な解決とともに，より深めていくための突破口としての問題が生まれ，観察についてもより深い理解がなされ…というような，**思考のサイクル**が重要だということです。

　最初から現象のすべてをきちんと観察することなどできません。あるいは，ただ観察するだけでは深い理解は得られません。そこから仮説や問題を見いだし，それに取り組むためには，形への注目から図形の性質への注目に観点を切り換えたり，論理的に考えたりすることが必要です。

　そういう一連の流れの中では，様々なところでいろいろな生徒が活躍可能であり，その多様性のよさを実感できることもまた，一つの原動力になります。

　そのためには，一直線的な解決だけでおしまいというのではなく，思考のサイクルが生まれるようにしていくことが基本になります。

　また，そのサイクルを生み出すところに，**生徒の貢献を生かしたい**のです。生徒が発見した事実，生徒の気づき，生徒の疑問。そのような様々なものが次の問いを生み出していく原動力にもなりますし，その候補として多様なものがあり得る場合，授業の中でどれが生まれるのか，どれを選択するのかによって，学級全体としての探究つまり授業そのものが変わっていくことになります。

　そのようなサイクルを生み出す原動力は様々です。ただ，ICT と思考のサイクルとのかかわりについて述べるなら，**ICT が生み出してくれた省力化，あるいは時間の短縮は，観察をし直すことを可能に**します。

　観察と観察の間には，結果を見直して吟味することがあります。2 回目の観察は，最初の観察と違って，注目したいポイントが明確になっている観察です。つまり，ICT があるからこそ，時間が限られている授業の中でも，思考のサイクルを実現することを可能にしているという点があります。

　そういう思考のサイクルの可能性に注目したとき，教材研究の段階で注目したいことは何でしょう。

　サイクルを生み出すような事実，気づき，疑問などを洗い出し，そのような分岐点においてどれが生徒の側から生まれてくるのかをじっくりと観察する。それができるように準備するということが大切です。

6.5

ある程度のまとまりの課題を
グループに任せてみる

　すでにこれまでの事例の中でも，ペアやグループを生か
すことについて触れてきていますが，GC を使う中でグル
ープをどう生かすかという視点は，とても大切です。

　コンピュータやタブレット PC が豊富にあるので，1 人
1 台で使うというような試みをしたこともありますが，多
くの場合，**4 人で 1 台とか 4 人で 2 台というような使い方
の方がよい授業**になりました。

　真ん中に置いてあるタブレット PC を囲んで，1 人 1 台
よりも，言語活動が活性化されるのです。タブレット PC
の周りから手が伸びて図形を動かし，こんな場合にはこう
なるという事実の観察や仮説・問題の発見などが容易に起
こりやすくなります。

　しかも，すぐ近くに友達がいるので，それを言葉で語る
ことになる。それを聞いたらうなずいたり，「え，どうい
うこと？」とさらなる説明を求めたり…という状況がほぼ
確実に生まれるのです。

　逆に 1 人の場合はどうかというと，孤立化している印象
を受けます。何をしてよいのかよくわからないときに，周
りを見ると，それぞれ何かをしている。自分はうまくいっ

ていないけど，きっと周りはみんなうまくいっているんだ
ろうな。でも，うまくいっている友達に，「ここがわから
ないんだけど」って声をかけるのはちょっと気がひける。
そういう空気感を感じることが多いのです。

　最初からグループになっている場合，「これ，わかんな
いんだけど」「私もわからない」「どうするといいだろう
ね」とわからないのは自分だけではないというだけでも，
安心感がかなり違うのです。

　授業というと，つい教えてしまうことに力が入ってしま
いがちです。でも，これまでの経験でいえば，**グループに
任せてみる**と，結構やってくれます。たぶんそこで大切な
のは，ある程度のまとまりの課題を任せることです。

　1人で解決できるような課題の場合は，できない子がで
きる子に教えてもらう構図になってしまいますが，少し手
ごたえがあると，自然に相談することになっていきます。
少しややこしい課題なら，方針を立てなければいけません。
役割分担をしてチームとして機能しなければなりません。
記録をどう残したらよいだろうかとか，発表用のボードが
あれば，誰がどうするとよいのかなとか，自然にプロジェ
クトベースの課題になっていきます。

　**大まかな課題を委ね，観察はするけれど，細かなことに
はあまり口を出さない**。この子たちは，何をしてくれるの
だろう。このデジタルネイティブから学ぶ気持ちで任せて
みると，いろいろなことを実感することができます。

6.6
言語活動に注目する

　グループに任せてみると，まず気づくことは，生徒の中での言語活動がとても豊富になることです。

　日頃，言いたいことがある人は，挙手をして指名されてから発言しなさいというように指導されている学級では，生徒はめったに発言しません。

　でも，グループという自分たちの秘密基地を得ると，気づいたこと，疑問，不満，喜び，いろいろなことを言葉と表情と行動で示してくれるように変わるのです。

　逆にいえば，タブレット PC を 4 人の真ん中において調べてごらんと任せたとき，そこに寄って**言葉が出ないようであれば，改善の余地がある**ということです。そもそもの課題がよくないのかもしれません。課題がやさしすぎて 1 人で簡単に解決できるのかもしれません。学級づくりの中での人間関係に問題があるかもしれません。

　私の経験では，よい課題を与えれば，中学生でも高校生でも，社会人でも，次第に身体が寄って何か始まる。タブレット PC を自分の方に向けている生徒がいたら，横にしないとみんなで観察できないでしょと。横にさせることは必要ですが，数分すれば，何か始まる。それが普通です。

　そして，生徒の動きを観察しながら，それぞれが発する言葉を，耳をそばだてて聞いてみるとよいでしょう。よいタイミングでよい発言があり，よい流れが生まれることもあります。学級全体に対して発表させたいですよね。

　よい事実や気づきがあり，よい言語化があっても，生かせていないこともある。学級全体での議論の中に生かせるなら，生かしてみるのも手ですよね。

　グループの中で起こったことは，場合によっては見ていても見なかったふりをして過ごしてしまう方がいいこともあります。監視されている雰囲気にはしたくないですから。

　グループの中で発表に値するものは，図，表，記号，まとめた文章，様々なものがあり得ますが，それらを学級全体で発表させた後，次につなげていくうえでも重要なのは，**言葉**です。思考がサイクルとしてつながっていくかどうかを決めていくのも言葉です。

　数学らしい用語。

　数学らしい形に変えていく気持ちを，表現する言葉。

　未整理，未解決でモヤモヤしている状況を表す言葉。

　すっきり整理できて，すがすがしくなった気持ちを表現する言葉。

　いろいろあります。**TPO に合わせて適切な言葉を表現できるようにしておく**ことは大切です。

6.7
生徒の多様性を生かす

　グループに任せたとき，まず目につくのは言語活動ですが，なぜそれが盛り上がるのか。

　それは，**多様な個性のぶつかり合い**があるからです。全員が同じことを考えているだけでは，会話は続かないでしょう。それぞれが違うことに気づいたり，気づく速さが違ったり，いろいろな多様性があるからこそ，面白いのです。

　一つは文字通り，いろいろな種類の気づきがあるということ。最も顕著なのは，**別解**ですね。あるいは，いろいろなアイデアといってもよいでしょう。数学の授業の中では，同じ問題でも，いろいろな解き方やアイデアがあれば，その数だけ発表の機会がつくれますし，それらを比較したり，グループ化したりすることもできます。

　解法ではなく，**見いだす関係性**が複数あり得る，というケースもあります。四角中点のような場合，PRQS の形の特徴に注目した関係性もありますが，面積の関係性もあり得ます。実際，図形の場合には，注目すべき対象はかなり多様性です。

　点，線分，角，四角形，三角形。それらの長さ，大きさ，面積。それらの関係。点や線分の動き，それらの関係性。

図の中にはかなり多くの構成要素があるのです。かなりシンプルな図であっても，そういう見方をすると，確かにそういうことに気づいてもおかしくないということもあるのです。

　さらに，∠APB＝60°になる点 P をプロットさせるような場合には，**方針の多様性**のようなものが視覚的にわかるようになっているともいえます。

　また，どんなことに**疑問**を感じるのか，**次に何をしたい**と思うのか。それらも一つに共通するとは限りません。

　このような多様性は，集団でこそ実感できる学びということがいえるのではないでしょうか。

　また，ちょっと違ったものもあります。

　同じものを見ていても，それに気づく生徒と気づかない生徒がいますよね。少しずつ補助線を追加すると，気づく人数が次第に増えていく。あるいは，誰かが気づくと次第に学級の中で伝播していくこともあります。

　「なるほど，確かにねー」というような生徒のつぶやきと，「そんなことに気づくってすごいね」という友達への敬意。これらも，集団で数学の学びをしているからこそのよさでもあります。

　他の生徒と比較して気づくのが遅いからといって，そのことを**恥ずかしいと感じなくて済む工夫**にも配慮しつつ，互いの違いをうまく生かしながら学びを進めていくことはとても大切です。

6.8

メタ思考を生かす

　数学での問題解決において，メタ思考，つまり，自分は今どういう取り組みをしているのかを，もう一人の別の自分がより高い立場から考える思考は大切です。

　例えば，Polya の4段階モデルでいえば，問題を理解し，計画を立て，計画を実行し，振り返るわけです。振り返る段階ではもちろんメタ思考になりますが，途中においてもうまくいかないときに，**解決している過程そのものを自分の思考の対象とし，何をしたらよいかを考える**わけです。

　作図ツールなどを使った探究では，このようなメタ思考の要因はもっと増えていきます。観察などをして一通りの結果が得られたときに，それをどう吟味し，次に何をすべきと考えるかという場面もそうです。

　作図ツールで観察を詳しくする方がよいのか，紙の上にスケッチをする方がよいのか，念頭で証明を考える方がよいのか。道具の選択の仕方も意識化し，比較・検討する素材になります。

　前述の∠APB＝60°となる点 P を調べる場合も，どういう戦略で点を探していくかも，グループによる違いを検討する場面がそれに相当します。それ以外にも，いろいろと

困った状況が生まれ，何をしたらいいかを考える場面は少なくありません。

　このようなメタ思考に授業の中で注目する原動力は二つあります。

　一つは，**個人やグループによる多様性**です。それぞれのやり方や考え方を共有し，比較する中で，その手があったかと納得したり，こんなときにはこういう方法が通じそうとよりよい方法とその理由に注目したりすることです。

　もう一つは，**グループあるいは学級全体で，「困った」を共有する場面をもつこと**です。そして，何に困っているのか，何が問題なのか，それを解消するにはどういうことを考えるべきなのか，今選択可能な方法はどんな方法か，次に何をするのが適切かなど，現状を打開していくために，メタ思考のモードに切り換えて考えることを，意識的に行うことです。

　特に図形の場合，単純な図形であっても，様々な構成要素（点，線分，角，四角形，長さ，面積）があったり，動かすことによって生まれる様々な場合（正方形，長方形…）があったり，注目すべき関係があるなど，思考の対象の候補がかなりたくさんあります。

　今，どんなことを考えているかをきちんと共有するためには，**互いの思考について言語化し，説明し，理解を共有する**ことは大切です。

6.9

ストーリーをつくり
主体的・主観的な問題にしていく

　学校教育の授業の中で行う数学の授業では，例えば，新しい知識・技能や見方・考え方などを学ぶことや習熟することなども不可欠でしょう。でも，探究の観点から考えるなら，**主体的なかかわりをどうもつか**ということも大切だといえます。

　客観的に正しいもの，社会の中でだれもが使っているからそれを習得するというだけでは単なる吸収であり，創造性の欠片もありませんが，私たちの目の前にいる子供たちが活躍する Society5.0において，AI などを使いこなしたり，それらを想像したりしていける人材であるためには，そのような客観的な存在である数学は，自分が取り組んでいる**探究の副産物として創造できる感覚**であってほしいはずです。

　自分と問題との格闘の中で，あるいはそれをするために仲間とコラボし，コミュニケーションする。格闘していく中で，自分たち独自の問題として定式化し，それに取り組んだ所産を楽しみつつ，今後再利用できる知的生産物として数学的成果を生かしていけるようであってほしい。そういう**原体験としての学び**として位置づけていくことが大切です。

　そうであるためには，生徒個人が，その問題に主体的に取り組むものとして，あるいは，今ここにいる生徒集団が主体的に生み出していくものとしてその学びを位置づけることが必要です。別の言い方をしたら，他の生徒あるいは集団だったら，違う展開になることもあり得ます。

　いや，同じ生徒だって取り組み方によって，あるいは，そのとき気づいたことによって，あるいは，複数の選択肢がある中で，どの選択肢を選ぶかによって，異なるものになるかもしれません。そういう主体と状況との様子により，違うものになり得るのが，学びであり，授業なのだということを明確に意識することです。

　私はよく，**ライブ感のある授業**という言い方をすることがあるのですが，逆説的にいえば，誰が相手でも，生徒の反応がどうであっても，指導案に書かれている筋書き通りに実施される授業にライブ感は感じません。どう変わるかわからない中で互いの主体性が表出され，一緒につくり上げていくものが，そういう授業なのではないかと思います。

　そういう授業を想定したとき，教材研究の段階では何ができるのでしょうか。

　一つは，**ストーリー性をつくる**ということです。例えば，学術論文などでも，そこには新しい実験や知識が書かれているだけではありません。多くの論文では，冒頭に，どういう経緯の中で，何が問題とされてきたのか，そして，そこに貢献するためにはどういう具体的な研究課題に取り組

むことが，価値があると考えたか。そういう研究の背景が
書かれています。数学の授業の中においても，同じような
ことはできると思うのです。

四角中点について，いろいろな場合を調べてみたとしま
す。分担して調べたときに，台形に関する結果をまとめた
A君の場合はPQRSがひし形だった。でも，B君は，僕
の調べた結果では，ABCDが台形の場合にPQRSは平行
四辺形になっていると指摘したとします。

ABCD	PQRS（A君）	PQRS（B君）
台形	ひし形	平行四辺形

対応表でのA君とB君の違い

同じ問題なのに，違う結果になりました。これは，どう
解決したらよいのでしょう。ここには，A君とB君の結
果の違い，さらにいえば，台形の代表として2人がそれぞ
れ何を選択したかの違いがあります。その違いは何なんだ
ろう。そういう問題を考えられるようにしてくれたきっか
けに，A君とB君が貢献してくれています。

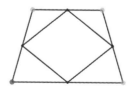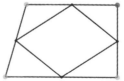

A君の台形とB君の台形

そこでの検討が終わって振り返ったときに，**「台形の場
合には，PQRSがひし形になる場合があるということは，**

長方形や正方形もあるのだろうか？」などの問いが生まれ
てくる可能性もあります。その問いは，先生が解くべき問
題を与えたから考えるという授業の仕方もあるでしょうが，
A君とB君がつくったきっかけからC君が考えたことと
して，生徒を主役に語れます。

　さらに，この問題をきちんと考えていくうえで，形を手
がかりに考えるだけでは，本質をきちんとつかむことはで
きないという意識につなげていけば，形だけで考えるので
はなく，図形の性質に注目してまとめることは大切だと，
思考水準を一つ上に上げるきっかけとして位置づけていく
こともできます。

　つまり，探究の中にある様々な節目において，鍵になる
はずの事実や気づき，疑問などの候補をつかまえておけば，
その兆候のようなものを生徒が示したときに，その生徒に
よる貢献として扱っていける可能性があります。そういう
様々な可能性と，それを扱ってどういうストーリーとして
仕立て上げていけるかという可能性を，あらかじめ把握し
ておくべき行為なのではないでしょうか。

　そこで調べておくべき可能性の中で，実際に顕在化する
のは特定のいくつかかもしれません。あるいは，たくさん
現れたとしたら，その中のどれかを選択して今日の授業と
してつくり上げていくのが，ライブ感のある授業のライブ
そのものかもしれません。

　少なくとも，そういうものとしての授業になり得るため
の準備をするということが，大切なのです。

6.10

フリーハンド，アナログ，デジタルを組み合わせてみる

　当たり前のことですが，単に ICT を使えばよいというわけではありません。数学の中心は思考ですから，本当は紙の上にフリーハンドで図をかきながら考えるとか，念頭でイメージしながら考えることのよさを実感することも不可欠です。

　ICT を使いながら数学をしていくことを想定する場合でも，様々な道具を使いこなしながら取り組んでいくうえでの一つの道具として ICT が位置づいているというのが自然な姿のはずです。

　そういう意味でも，**それぞれの道具の利点をうまく引き出しながら，トータルとしての探究がよりよいものになるようにしていく**ことが大切です。

　例えば，「等積変形」の事例では，格子点あるいは方眼という紙の上で生徒が作業するうえでは，目に見える有限の点，しかも鋭角三角形と直角三角形しか意識していないことが想定され，

　「いくつ点がプロットできたかな？」
という問いによって，

　「他にもある」

「鈍角三角形でもいいはず」

「格子点でなくてもその中間でもいいはず」

という意識から，直線そのものが意識化されることを例示しました。

　その認識を踏まえたうえで，GCなどで図形を動的に操作するのと，最初から動的に操作するのでは，かなり違います。

　同じようなことは，円周角の定理の場合にもありました。川崎市の中学生たちが，同じGCの図を操作しているのに，あるときは「つまらない」と言い，あるときは「わかりやすい」と言いました。

　四角中点の場合でも，例えば，ABCDが台形の場合などを出発点として，AC⊥BDという条件や，AC＝BDという条件が大切なことを認識した後に，もちろん，GCを操作して確認する方法があってもいいです。

　でも，同じ長さの棒を2本クロスさせ，その端点を結ぶ四角形をイメージし，棒を動かしながら，

　「AC⊥BDだったらPQRSは長方形になりそう」

というようなことをつぶやくのも，一つの適切な**道具の選択**と思えます。

6.11

想定とは違う数学とのかかわりも
あり得ると理解する

　次の問題は，どういう数学的内容とかかわりがあるでしょう。

　線分 AB 上に点 C をとり，AC を 1 辺とする正三角形 ACD，CB を 1 辺とする正三角形 CBE を AB に対して同じ側につくり，AE と BD を結び，その交点を F とする。

　このとき，AE＝BD となることを証明せよ。

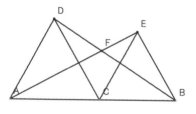

　三角形の合同に注目し，AE＝BD になることを示すことが大切と見抜く方は多いでしょう。

　C は AB 上という条件しかないので，C を AB 上で動かしてもいつも AE＝BD が成り立つことを示すことは，作図ツールを使ったときの活動の一つということができますね。

　また，この問題では，C は AB 上という制約がありま

すが，AB 上でなく，自由にとったらどうなるだろうかと，
What if not 方略を使った問題を発展させる例としても扱
えます。

　実際，合同を示すときに 2 組の辺とそのはさむ角という
条件を使いますが，角の相等を示すうえで，原問題では，
両方の角が120°が根拠になるのに対して，C を自由にし
た場合に，両方の角が60° ＋∠DCE になるからと一般化
できることを見抜く方も多いでしょう。

　C を左右に動かしたときに，F はどんな動きをするので
しょう。

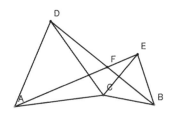

C を左右に動かす

　F の軌跡を残すと次ページ左図のようになります。C は
線分上を動くので，円の一部でしょうか。C を平面内全
体で動かすとF も二次元的な広がりをもつのでしょうか。
そう思って C を自由に動かしてみると，次ページ右図の
ようになります。そう。C を平面全体を動かしてもF は
円上しか動かないのです。

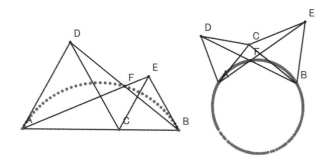

F は円上しか動かない

　これは何を意味するのでしょう。F の軌跡が円になるので、∠AFB は一定。円周角の定理の逆がかかわる図です。三角形の合同から角の相等性がいえることと対頂角を使うと、三角形の相似がいえます。

　つまり、三角形の合同条件の応用問題として位置づけられている図は、3 年で学ぶ内容（円周角の定理の逆、相似）ともかかわる問題なのです。

　実はそれだけで終わるわけではありません。

　図では、折れ線 ACB の上側に 2 つの正三角形があるように見えます。AB を結んで△ABC として考えると、△ABC の 2 辺の上に正三角形がありますが、もう一つ AB の下側（つまり△ABC の外側）に正三角形を追加してみるということが、自然な発展のように感じられます。

　追加して、対応する頂点を結ぶと次図になります。

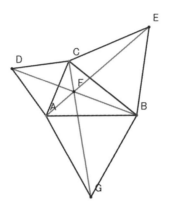

対応する頂点を結ぶ

　同じ証明で，３つの線分の長さがすべて等しいことがわかりますが，１点で交わるように見えますね。いくつかの角がありますが，すべて60°になっていそうです。

　実はこの点Ｆというのは，フェルマー点なのです。

　初等幾何で扱う興味深い図は，このように発展的な内容に結びついていることもあります。あるいは，初等幾何とは別の概念，例えば，変換や写像のようなものとの結びつきが強いこともあります。

　ICT を使って活性化するということは，**より広い，より深い数学的探究が広がっている可能性のある素材を扱うことに結びついているというワクワク感**をもって，取り組んでいただくとよいのではないでしょうか。

6.12

デジタルとのつきあい方を考える

　作図ツールを使った授業のあり方を考えるとき，**デジタルとのつきあい方を学ぶ要因も配慮する**とよいでしょう。

　電卓，表計算ソフト，関数グラフソフトなどについてもいえますが，フリーハンドや定規・コンパスのような伝統的な道具と比較して，迅速に正確な結果を表示します。迅速なので，やり直すことが簡単です。何回も観察することや試行錯誤などが可能になります。

　一方，デジタルだから正確と妄信してしまうと，意外なところに落とし穴があったりします。紙の上で想定している理想的な数学的な世界は無限に広く広がっているだけでなく，無限に細かくすることも可能ですが，コンピュータ上に広がっているのは，有限個の点でしかありません。

　いろいろな点に，**デジタルであるがゆえに意外な現象が**存在しています。そういうことを意識しながら上手につきあって，探究を進めていくノウハウも潜在的に身につけることを想定しています。

　例えば，次のような現象は，紙の上などで行うときには，あり得ますか？　なぜ GC ではこんなことが起こってしまうのでしょう。円周角は中心角の半分のはずなのに，お

かしいですよね。この図。なぜでしょう。

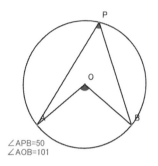

∠APB=50
∠AOB=101

円周角は中心角の半分のはず

答えは簡単で，ソフトの方で四捨五入しているからです。実際に，小数点以下2位まで表示してみると，よくわかります。

逆にいえば，最後の桁は正確とは限りません。実測で分度器を使っていれば，最後の桁はあやしいというのは，測定している自分だからこそ実感しているはずですが，デジタルでは信用してしまいかねません。

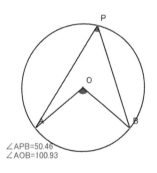

∠APB=50.46
∠AOB=100.93

デジタルであるがゆえに…

他にも，デジタルであるがゆえに起きてしまう現象は，いろいろとあります。単に困ったこととして位置づけるのでなく，生徒がそういうものも乗り越えて**デジタルを使いこなしていけるたくましさ**を身につけていけるように，それらを生かしたいですね。

CHAPTER7

ライブ感のある授業を準備する

7.1
スライドは生徒に合わせて作成する

ICT を活用した授業の研究授業をしたい，という相談を受けることがあります。何を使うのかと聞いた際にプレゼンテーションソフトという答えがあると，いやな予感がします。そして，質問を続けます。スライドは何枚くらい使うのかを聞くと，10～15枚とのこと。やっぱりと思います。私が感じているいやな予感，想像つきますか。

授業について詳しく考えれば考えるほど，スライドの完成度が高くなっていくのです。ここはもっとこうわかりやすくした方がいい。ここは図を入れよう。ここで動画を入れようか。ここで3つの付箋が貼ってあって，クリックするごとに一枚ずつ剥がしていくようにしよう…などと。

オンデマンド用の映像をつくるうえでは，基本的かもしれません。でも，今想定しているのは，目の前に生徒がいる授業です。生徒の様子に合わせたい。でも，**つくり込むほど，生徒に合わせることができなくなっていく**のです。

往々にして，先生の目線はプロジェクタを投影しているスクリーンの方に行ってしまいます。本当は普段の授業と同じように，生徒の表情や目線を見てほしいのです。次のスライドに移るということは，今目の前にあるスライドは

消えるということです。それをノートに写すことを求めると，教師がクリックするたびに生徒は必死に書き写す授業になっていきます。ひどいときには，まだ写し終わらない生徒がいるのに次のスライドに移ってしまう。もう，書き写す気なんてなくなります。

　本来，中学校だったら板書は一枚の文化で授業を進めているはずです。高校なら板書を消しながら進めますが，黒板の広さはスクリーンの何倍もありますし，消すタイミングや消さずに残すものなどの配慮もしているはずです。でも，**プレゼンテーションソフトになった瞬間に，そういうノウハウを捨ててしまっている**ことが多いのです。

　そもそも**ライブ感を高める授業では，指名した生徒の発言などを書き込みながら授業を進めていく**はずです。図の中に証明のアイデアを書き込むとか，教室全体での対話の様子が反映されるはずです。そういうライブ感のある授業から見ると，つくり込んだスライドというのは，ほとんどストーリーが決まっている一方向的な解説型の授業。つまり，生徒の前にいるけれどオンデマンド映像の再生をしているような授業になってしまうのです。

　もし，プレゼンテーションソフトを私が使うとしたら，数枚のスライドに限定します。問題文の提示とか写真あるいは観察したい現象を示す動画やコンテンツの提示に焦点化し，ズームや書き込みをします。そして，**生徒の意見などを書ける黒板をなるべく広く確保する**ようにします。

7.2
意思決定の連続を図る

　先生方にとって，今日の授業は手ごたえがあってよかったというのは，どんな授業でしょう。

　提示した問題を全員が淀みなく解決していく授業。それはきっと問題がやさしすぎです。

　解き方の手順を手際よく教えると，それによって生徒が既習事項をもとに，新しいことを順序よく吸収し，それによって今までできなかった問題が解決していくような授業。

　でも，わかり方には個人差がありそうですよね。いろいろな子がいるので，**適度にわかり方にばらつきがあったり，わからなさがあったり，それを語り合いながら紆余曲折しつつ前に進んでいく**のが普通です。

　私が附属高校の校長をしていたとき，様々な教科の授業を拝見しました。数学の授業の特徴として，生徒の表情に変化が多いと感じました。他教科では何も知識を与えずに「考えてごらん」は無理です。教師が解説し，それを吸収する時間もかなりあります。表情を変えることなく黙々とノートに写す。そういう時間がかなりあるのです。

　でも，数学の場合，解説もありますが，その中の式変形等を写す場合だって理解しながら写すので，手がちょっと

止まったり，あれっという表情になったりする。続いて演習になったら，問題と格闘する。簡単じゃないかという表情もあれば，困った表情もある。友達が発表するときに，なるほどという表情も，自分にはわからないという表情も，負けたという表情もある。数学の授業は，**生徒にとってのよい問題を提供し，適切な問題解決のバトルができ，その副産物として，知識や解法などを身につけることができる**ことが，基本的な評価基準でしょう。

　学級全体で，適切な問題解決をするということ自体が，その場にかなり依存するものであり，それがライブ感覚につながります。そのため，教師の仕事は，意思決定の連続です。どんな発問をするのか。だいたいみんな問題の意味はわかったのかな。わかっていない生徒が数人いるくらいだったら，その子のところに行ってサポートする。

　でも，一定数を越えているなら，わからなさを共有しながら問題を一緒に理解する方がよい。いくつかの選択肢を考えておきつつ，どれを選択するのがよいかを考える。想定される解が3通りくらいあるとする。どの子がそれぞれの解を見つけているのか観察する。

　挙手指名がよいのか，意図的指名がよいのか。

　どういう順番で指名していくのがよいのか，複数の生徒に一斉に板書させて比較させる方がよいのか。

　発表に対しては，どう言葉をつなげていく方がよいのか。

　そういう**意思決定の連続**です。

7.3

指導案は忘れ，
目の前の生徒に合わせて行動する

　皆さんは経験したこと，ありませんか。指導案通りに行ったので，研究授業が失敗したということ。

　ICT を使った授業でなくても，ライブ感のある授業でありたいと願う場合には，こういう反省をもったことがある人は決して少なくないでしょう。

　なぜでしょう。それは，プレゼンテーションソフトを使った授業と共通しています。**生きた授業は，目の前の生徒と一緒につくらなければいけません。**特に CHAPTER6 の教材研究でも触れたように，数学的探究を目指した授業というのは，本来いろいろなところに分岐点があり，そしてそれをかなりの部分，生徒に委ねようという授業です。

　それが自然な流れになるようにするには，詳細なプランがあって，そのプラン通りに行うというのは，結局，目の前の生徒の様子そのものを見ずに，事前につくった筋書きの方に強引にもっていってしまうということ。

　だから，指導案通りに行ったので，研究授業が失敗したということになるのです。では，どうせ予測不可能な生徒の様子に合わせて行き当たりばったりにするしかないのだから，指導案は大雑把につくっておけばいいのでしょうか。

それは違うように思います。指導「案」としてどういうものをつくるべきか。それは人によって違いますが，**しっかりとしたシミュレーションをしておくべきです。**

1990年代に，当時の愛知教育大学附属名古屋中学校数学科に玉置崇先生，鈴木良隆先生，八槇直幸先生，永井聡先生がいらっしゃった頃，いろいろなスタイルの指導案を工夫されていましたが，その中でなるほどと思い，私自身が今でも踏襲することがあるのは，先生と生徒の主な会話をセリフとして書き込んでしまっている指導案です。

こういう発問をすると，きっとこういう発言が返ってくるだろう。そうしたら，こういう間で，こういう返しをしてみる。すると…というような流れを，最初から最後まで文章として書いてみるのです。かなり具体的なイメージをもつことができます。生徒のどういう様子を観察すべきかも意識できます。違う反応があったら…それもイメージはしますが，いろいろな場合まで書き込むことはできないので，文章化するのは一つですけど。

そして，**授業前になったら，その指導案を忘れる**ことにします。肝心なところはもちろん押さえながら進めるわけですが，目の前の生徒の様子を観察することに力を入れ，その様子に対する複数の選択肢をイメージしながら，どれをどう選択し，どう行動するかを考える。

その場で意思決定を的確に行えるように準備するために，指導案をつくり，そして忘れるのです。

7.4

失敗を記憶に刻み，
同じことが起こるリスクを避ける

　授業には失敗はつきものです。同じように，といっても
よいのかもしれませんが，ICT を使った授業では，**普段
の授業以上に失敗へのセンサーを敏感にしておくべきです。**

　一つの理由は，未経験の新しいチャレンジであるがゆえ
に，想定外のことが起こる可能性が高いからです。

　しかも，元々教育実践は，そのような機器なしに行える
ように設計されているわけです。使わなくても実践ができ
るはずなのに，機器を使うことによって，大きな問題が生
じてしまうくらいなら，使わない方がましです。次回以降
は使うなと言われないためにも，細心の注意が必要なので
す。

　そして，そういうリスクが発生しないようにする工夫や，
発生してしまったらどう対処すべきかというノウハウを蓄
積し，**リスクマネジメントをする**ことが必要なのです。

　私たちは，主として４人１台の利用を進めてきました。
GIGA スクール構想では１人１台が基本になるでしょう。
**４人１台と１人１台では，リスクは１人１台の方がずっと
高い**です。

　例えば，１台のタブレット PC が何らかの理由で使い物

にならなかったとします。4人1台の場合であれば，別の
グループに1人ずつ分散して吸収させることで，問題の大
半は解消できます。タブレットPCは実験機器であり，文
房具はノートや鉛筆なので，あまり困らないのです。

　でも，1人1台の場合，文房具としてタブレットPCを
使っているとすると，隣の子と一緒に使うというわけには
いきません。代替機があればいいかというと，そのPCに
個人としてのデータが入っていてそれを使うとしたら，致
命的になってしまいます。

　代替機でもスムーズに対応できるためには，基本的にデー
タはクラウドにあり，たとえPCを紛失しても問題ない
というような体制が不可欠になりますし，ネットワークが
ダウンしたときでもオフラインで対応できるような仕組み
になっていることが不可欠になります。

　でも，そういうことは，**システム管理者に任せればよい**
と思います。数学教師としての私たちは，どういうことが
起こると困るのかという問題点を明確に示すことができさ
えすれば，その先はGIGAスクール時代になったら，学
校全体あるいは教育委員会などが対処してくれなければ，
日常的に使えるはずがないですから。

　そういう意味では，私たちが**センサーを働かせるべきな
のは，数学の授業として適切なのかどうか**ということの方
です。私自身が経験してきたいくつかの代表的なパターン
を紹介しましょう。

　最初に挙げるのは，**「だからなんなの」症候群**です。私自身が経験した事例は，CHAPTER2でも取り上げた$\sqrt{2}$は無理数なので，循環しない無限小数であることを実感する事例です。自分はプログラミングで工夫し，苦労し，面白かったからつい，どうだ。すごいだろうと次のような画面を見せてしまうわけです（$\sqrt{2}$を100桁）。

1.41421356237309504880168872420969807856967187537694807317667973799073247846210703885038753432764157 3

　「すごいですね…」という反応になります。ここで，「…」という沈黙の空気の中に，暗黙のメッセージを感じるのです。「だからなんなの」というメッセージを。

　生徒にとっては，ただ見せられているだけ。確かにそれはすごいことなのだろうけど，一緒にプログラムの仕組みを考えたわけでもなければ，そこから何かの規則性を発見できるわけでもない。目の前の先生は，生徒に貢献すべきチャンスを提供しているわけでもなければ，それを発展させるきっかけを提供しているわけでもない。ほめてほしいの？　いい大人がそんなわけないよね。だとすると，何を期待しているの？　…そう思っているかどうかはわかりません。でも，結局ただの傍観者以上の役割を想定していなかった自分が恥ずかしくなっていくのです。

　「生徒が置いてけぼり」症候群は，ICT利用のときだけでなく，数学の授業全般でありがちです。ただ，ICTを

使うとき，ついつい普段とは違うちょっと高い目標を設定することがありますが，そのちょっと高いところに行くのを見守ることができればよいのですが，つい引っ張り上げたいと思ったり，自分が先に行ってしまったりしていると，生徒の気持ちが誰一人ついてきていない。そういうことがあるのです。

「何をしてよいのかわからない」症候群は，若干高機能のソフトを使うときにありますね。この機能さえわかっていればいいと機能を絞り，安心感を与えることができていないときによく発生します。

同時に，そのためには，数学的に何をしたらよいのかが明確であることが不可欠で，そちらの説明がわかりにくいので，何をしたらよいのかわからないこともあります。

数学的な問題の意味はわかるけど，まるで断崖絶壁を登れと言われているようで，何をしてよいのかわからないということもあります。教師側から見ていると，せめて学級の中で1人でも2人でも気づいてくれたらその生徒の発表を手がかりに前に進ませることができるのに，誰もうまくいっていない。次第に諦めや徒労感ばかりが増えていく。投げかけた課題に無理があったという気持ちが増えていく。**「そんなのは無理」**症候群とでもいいましょうか。

「やり方指導」症候群も，ICT利用に限らず数学の授業にも時々見受けられます。機械的に覚えることばかりが続くと，数学としての面白さがどこにあるのかわからない。GCでいえば，点をプロットしてきれいな図をつくること

に目的があるわけではなく，それをもとに，条件を満たす集合はどんな特徴がありそうかを推測し，それを証明するところにねらいがあるわけですが…。

　1人1台の使い方などのときに注意するのは，**「孤立化」症候群**です。わからないと気楽に言い合える雰囲気にしておかないと発生することが多いです。

　あるいは，わからない雰囲気の生徒を一人ずつ解消しようとすると，**「モグラたたき」症候群**になってしまいます。個別指導と一斉指導はうまく交えながら行っていくことが不可欠です。

　また，探究の視点で考えるときに大切なのは，**「先生の顔色を伺っている」症候群**にはできるだけならないようにしたいということですね。問題に生徒自身が接したら何を感じるのか，そして何を考えるのか，できるだけ自律的に取り組んでほしい。その流れに無理があるようであれば，そこに教材としてあるいは指導法として改善の余地があるはずなので，なるべく生徒に任せたい。そう思います。

　○○症候群と名前をつける必要は別にありません。重要なのは，**起こってはいけない状態を意識化する**ことです。そして，そのための対処案を事前にいくつか用意しておくことです。

　もちろん，それはICT利用でなくても，普段の授業にも共通することですが，機器という人工的なものを使うがゆえに，より意識的である必要があるでしょう。

7.5

実践から学ぶ

　先生方は日々実践の連続ですが，私にとっては，授業を拝見する機会は貴重です。基本的に自分が行う授業，拝見できる授業はすべて，ビデオ撮影して後から振り返ることができるようにします。

　しかし，**ビデオに映っているのは実は授業の中のかなり限られた客観的な記録だけ**です。

　後述する2003年の公開授業で，多くの生徒を観察し，耳をそばだて，今起こっていることを解釈し，先読みをし，次に行う選択肢を考え，選択する。授業者は実に膨大なことをしていることを改めて実感しました。

　でも，ビデオを見てみると，特に授業者である私が考えたいろいろな様子の片鱗も写っていない。耳にした生徒の発言も記録されていない。授業の記録を残すということは，とても難しいということを実感しました。

　愛知教育大学には附属中学校は名古屋と岡崎にありますが，両校はかなり違う授業スタイルです。そのため，それぞれの学校の授業を拝見するときには，もう一つの学校だったらどうアプローチするかなと比較し，授業後の議論のときにも話題にします。

　同じように，いろいろな場面で，もしこうだったらどうなるだろうと，一つの授業を拝見しながら，複数の授業をイメージしています。

　そういうときに，いつも楽しみなのは，授業の分岐点になりそうな場面が生まれるときです。

　特に想定外の生徒の発言などがあったとき，この先生はここでこういう選択肢を選んだけれども，別の選択肢を選んだらどうなったのだろう。授業を拝見しながらそういう考えをするようになったのは，やはり2003年の公開授業がきっかけだったかもしれません。

　CASE STUDY2では，私自身が取り組んだ授業を中心に，どんな意図をもちながら授業に取り組んだか。また，それをどう感じたのかに焦点を当てて，それぞれの授業について述べたいと思います。客観的な会話記録の分析とは少し違った，主観的な授業記録といえるかもしれません。

　そういう授業をするための教材研究の様子もそこに盛り込みますが，その前に，それ以外の授業研究に際して行った教材研究のいくつかを，CASE STUDY1としてまとめておきます。

CASE STUDY1

探究のための教材研究の実際

CASE1-1

四角中点の類題

「四角中点」の類題について，実際の探究を深めながら教材研究をしてみましょう。

原問題：四角形 ABCD の 4 つの辺 AB，BC，CD，DA のそれぞれの中点を P，Q，R，S とし，それらを結んで四角形 PQRS をつくる。PQRS について調べよ。

類題 1：四角形 ABCD の 4 つの角の二等分線を引き，それぞれ隣り合う二等分線の交点を P，Q，R，S とし，それらを結んで四角形 PQRS をつくる。PQRS について調べよ。

類題 2：四角形 ABCD の 4 つの辺 AB，BC，CD，DA のそれぞれの垂直二等分線を引き，隣り合う直線の交点をそれぞれ P，Q，R，S とし，それらを結んで四角形 PQRS をつくる。PQRS について調べよ。

それぞれ学生に対応表をつくらせると，次のような結果になることが多いです。皆さんは，この暫定的な結果から，どんなことを感じ，どんな問題を考えますか？

本節では PQRS の代わりに EFGH と表記した文や図がありますが，適宜 PQRS に読み替えてください。

ABCD	EFGH	図
正方形	1点	
長方形	正方形	
ひし形	1点	
平行四辺形	長方形	
台形	四角形	
たこ形	1点	
四角形	四角形	

4つの角の二等分線からできる四角形の対応表

ABCD	EFGH	図
正方形	1点	
長方形	1点	
ひし形	ひし形	
平行四辺形	平行四辺形	
台形	台形	
たこ形	たこ形	
四角形	四角形	

4つの辺の垂直二等分線からできる四角形の対応表

（1） 4つの角の二等分線からできる四角形

　多くの学生は，この対応表をつくるとPQRSが1点になることが多いことに注目します。そして，PQRSが1点になるようなABCDの条件を考えたいと問題を見つけます。

　三角形の角の二等分線の交点が内心となり，内接円の中心となることを考えると，これは内接円をもつ四角形，つまり円に外接する四角形であることが条件になることがわかります。

　学生が気づきにくいことなのですが，PQRSの方に登場する四角形の種類が少ないのです。正方形，長方形そして四角形。

　「あってもいいはずだと思うのに，ない四角形としては何がありますか？」 などと投げかけると，「ひし形，平行四辺形，台形」などが登場してきます。それらは，本当はあるけど見つからないということなのか，あるはずがないのか，どちらなのだろうということが問題になってきます。

　その問いを解決するために観察し直すとすると，どの場合に注目するといいのでしょう。結果が四角形というのは，特徴がないのではなく，特徴を見つけることができなかったということなので，台形か四角形がターゲット。少しでも条件がきつい方が，特徴が明確なはずなので，台形の場合をターゲットにしてみよう。

　そんな流れで探究の流れを構成していくことができそう
ですね。結論は，CHAPTER1の中でも示しましたが，す
べてに共通することとして，EFGHは円に内接する四角
形になっています。

　結果として，台形は等脚台形のみになりますし，平行四
辺形のときには自動的に長方形に，ひし形の場合は自動的
に正方形になってしまうのです。

（2） 4つの辺の垂直二等分線からできる四角形

　この問題の対応表は，角の二等分線からできる四角形の
場合と似ています。

　1点になる場合は，正方形と長方形という2つの場合が
ある。実はさらに形にこだわって追究すると，角の二等分
線の場合はたこ形のときに1点になり，垂直二等分線の場
合は等脚台形の場合に1点になる。

　似ているのは，ある意味当然ですよね。角の二等分線と
垂直二等分線です。角の二等分線が1点で交わるのは，い
わば四角形の内心が存在するときです。垂直二等分線が1
点で交わるのは，いわば四角形の外心が存在するときです。
角の二等分線が1点で交わるのは，円に外接する四角形で
あるのに対して，垂直二等分線が1点で交わるのは，円に
内接する四角形であるときです。

　一方，点を動かして調べる様子を比べてみるとかなり違
います。点Aを動かしたときABとADが動くけれども，

BC と CD は動かない。この 2 つの線分の垂直二等分線の交点は動かない。つまり，1 点で交わるようにするためには，AB，AD の垂直二等分線の交点がこの点に重なるように，点 A の位置を探索していけばいい。

そして次図のように，点 A の軌跡は円になる。これを手がかりに円に内接する四角形に到達することは可能ではないでしょうか。

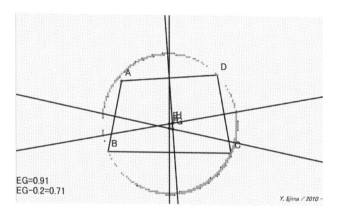

EG=0.91
EG-0.2=0.71

Y. Iijima / 2010 -

点 A の軌跡は円になる

しかし，角は 3 つの点で構成されますから，点 A を動かしたときに，∠C の二等分線は動きませんが，∠A，∠B，∠D の二等分線はすべて動いてしまいます。

そのため，4 つの角の二等分線が 1 点で交わる場合を探すのは，より難しくなります。

実際に点 A の軌跡を EG＝0 となる場所として求めると次図のようになって，これを観察しても，ほとんど何も進みません。

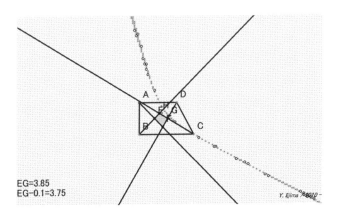

点Aの軌跡をEG＝0となる場所として求める

　ところで，辺の垂直二等分線からできる四角形の対応表には，角の二等分線の場合とはかなり違った特徴があります。ABCDもPQRSも（1点になる場合以外は）同じなのです。合同なはずはないですよね。相似なのでしょうか。いや，結果を見ると，相似のはずもない。

　つまり，四角形の種類が同じということと，合同とか相似とちょっと違う。どう違うのか，なぜ形は同じになるのか，ちょっと興味深いと思いませんか？

　もちろん，これをきちんと教材に仕上げていくうえでは，どの単元で，既習事項を何にして，その授業で学ぶべきことを何にするのかなど，いろいろなことを考えることが必要です。一方，一つよい実践が生まれたときに，**What if not 方略で関連するものを探してみる**。そこにどういう面白い探究があるかを**まず自分の目線で探してみる**。

　そういう教材研究も大切なのです。

CASE1-2
外心・内心

外心・内心など5心は3本の直線が1点で交わるという，共点性という幾何的な特徴があり，定理としての価値があることがわかりやすいです。

特に外心・内心は垂直二等分線・角の二等分線という，定規・コンパスの基本作図をもとに作図できるわけですが，中学生が作図をすると，なかなか1点で交わりません。

あるいは，学級の中で，1点で交わっているといえそうな子もいれば，そうでない子もいる。すると，**「本当はどっちが正しいはずなんだ？」**ということが，自然な問いとして浮かぶことになります。

例えば，次は私の作図ですが，拡大してみるとなんかあやしいですよね。

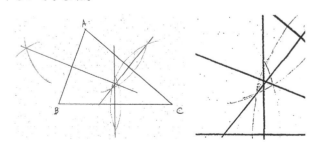

あやしい作図

しかし，作図ツールで作図をしてしまうと，次図のように正確に1点で交わります。点Aを動かしていろいろな場合を調べてみても1点で交わる。つまり，疑問が生じたときに検証をし，確証を得るための手段としては使えますが，疑問を生み出すための状況としては使えません。

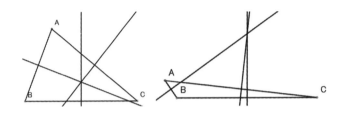

作図ツールによる作図

違う使い方を考えましょう。次図のように，ABとACの垂直二等分線を作図し，その交点をOとする。点Aを動かしたときに，点Oの軌跡はどうなるだろうかという問いはどうでしょう。答えはBCの垂直二等分線になるわけですが，それは3つの垂直二等分線が1点で交わるということに結びつけて考えていく流れを想定するわけです。

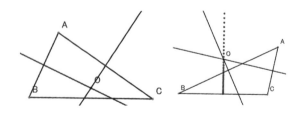

点Oの軌跡はどうなるだろう？

　実際，点 A を動かしたときの点 O の軌跡を観察したとき，**「どんな動きをしているかな？」**と学生たちに投げかけると，放物線のような動きに見えるという発言が少なくありません。確かに時間に伴う高さの変化は二次関数になるのですが，実際には左右には動いていないのです。「え，左右にはぶれずに直線になるの？」という意外感は，授業の中で生かしていくうえでは面白いポイントです。

　同じようなことを内心でできるかというと，そうはいきません。点 A を動かしたときの内心 I の軌跡は，外心のような素直な動きになりません。実際，A を水平に動かしたときの I の軌跡は図のようになります。

　一見楕円のようにも見えますが，楕円でもないのです。直線にはならないはず，円にはならないはず，楕円にもならないはず…というような素材として扱うことは不可能ではないですが，その正体は楕円曲線という，大学でも特別な学生しか学ばないような話題になってしまうのです。

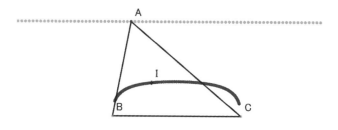

点 A を水平に動かしたときの内心 I の軌跡

　外心に関しては，現実場面の問題として定式化するのにちょうどいい素材でもあります。

　A君，B君，C君の3人が，学校から自宅に戻って，公園で集まることにしました。

　A君が言いました。

　「おれの家に近いこのあたりでどうだ」と図の中のPを指さしました。

　B君が言いました。

　「ずるいよ。僕は遠くまで行かなきゃいけないじゃないか」

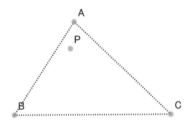

どこがいいのでしょう。

　ここでは，B君の「ずるい」という発言を手がかりにします。「ずるくない」ためには，平等であるべきです。平等というのはどういうことでしょう。

　3人の家から等しい距離にある場所。つまりPA＝PB＝PCであるべきです。こういう問題の定式化を生徒自身にさせようというねらいがあります。

　例えば，GC上で，次図のように測定できるようにしておき，条件を満たす場所を探していく，そういう流れです。

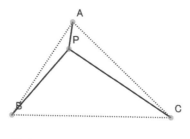

AP=3.49
BP=11.37
CP=15.98

条件を満たす場所を探していく

　例えば，この問題設定においても，教材化の方向性はいろいろあり得ます。

　よくやる方法は，右図のように，測定の精度をちょっと高くしておくこと。多くの場合，数値にとらわれますから，なかなか３つの数値がすべて等しくなることはないのです。

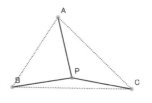

AP=10.539
BP=10.596
CP=10.694

測定の精度をちょっと高く

　「何に困っている？」

　「なかなか３つの数値が揃いません」

　「確かにそうだね。３ついっぺんにするのは難しいね。何かいい方法はないかな？」

　「３ついっぺんは難しいから，まず２つだけにしてみるといいと思います」

　「なるほど，じゃあ，まずそこから攻めてみようか」

　測定などをしなくてもわかるはずの場所としての中点も
あります。測定すれば，そこを通る垂直二等分線上ならよ
いことがわかります。そこで，垂直二等分線の交点だった
らよいはずという推論の可能性が考えられるわけです。も
ちろん，この学びに関しては，2点から等しい距離にある
点の集合が，線分の垂直二等分線になるということが既習
なのか未習なのかによっても変わってきます。

　2006年に，附属名古屋中学校で北原和典先生に実践を
していただいたときには，特別な場合として，左図のよう
な直角二等辺三角形の形から始めました。この場合，一目
瞭然に，斜辺であるBCの中点になります。

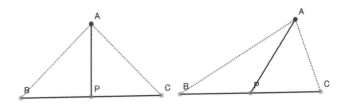

特別な場合

「今まではA君の家がここだったから，集合場所はPで
よかったんだけど，実はA君がこっちの方に引っ越すこ
とになった。（右上の方にAを移動する）引っ越すと，A
君だけ集合場所から遠くなってしまうことになる。集合場
所はどっちの方向に移動するのだろう？」

　軽いノリで大学生などに提示すると，Aが右上なんだ
から，集合場所もそれに引かれて右上になるという反応が

多かったので，それでいいのかな，というあたりから問題として実感してもらおうというノリでつくった教材でした。

ちなみに，3点から等しい距離にある点としての外心を探究するための図は，3点 A，B，C に加えて点 P をおき，PA，PB，PC を測定するという図だけではありません。長さをグラフ化して観察する図もあれば，PA，PB，PC を直径とする円をかき，3つの円の大きさが同じになるようにしようというものもあれば，P を中心に A，B，C を通る3つの円をかき，点 P を動かしたときにどんな場合があるだろうかという問題もあります。

それぞれかなり印象が異なってきます。問いに対して複数の図をつくってみて，それぞれの図で探究してみて感じること，考えることはどう変わるのかを比較しながら，授業の流れを考えてみる。そういうことを試してみるうえで，よい練習になる素材です。

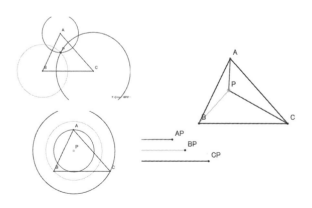

それぞれかなり印象が異なる

CASE1-3
最短経路問題

　学生に指導案作成の課題を出すと，必ず数名が選択する課題の一つに，いわゆる「水くみ問題」があります。地点Aから川に行って水をくんで地点Bに行きたい。最短経路を求めよ。というような問題で，もちろん，水くみ以外にもいろいろな状況が使われますが，何となく「水くみ問題」と呼んでいます。

　最短経路を求めるという意味では，測定も使えますし，最短の場所も実感できるという意味で，ICTが適しているように感じる問題ですが，この問題で適切にICTを使うのは，あまり簡単ではないのです。

　答えを知っている生徒は，きっとすぐに言いますよね。「線対称に点をとって結んだらいいんだよ」

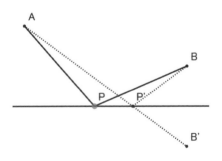

線対称に点をとって結ぶ

　推理小説で，「犯人はこいつなんだよね」と言われているようなものとでもいいましょうか。

　推理小説でいえば，いろいろな候補から次第に犯人にしぼられていく様子とか，状況証拠から推理する様子とか，言い逃れできないところまで犯人を追いつめていく様子とか，関連していろいろと興味深いところがありますが，「犯人はこいつ」が強烈で，他の要素を生かそうとすると，かなり工夫が必要になる。直感的に表現すると，そういう素材です。

　例えば，「どんな場所なのか」を測定による観察結果として，下図のように推測したとします。でも，ここから線対称のアイデアを導き出すのはかなり無理がありますよね。あるいは，犯人はこいつと指摘されたときに，本当かなと測定で確かめることはできるけど，それってそんなに魅力があることでしょうか。

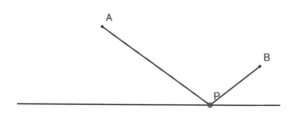

AP=17.45
PB=8.36
AP+PB=25.81

どんな場所なのか測定

　そのあたりを考えると，教科書の意図通りで適切に ICT を使いこなしていくことには，なかなか難しい素材です。

　2010年に，附属名古屋中学校の後藤義広先生が研究授業を行ったとき，「ここは教えてしまう」と判断されました。「塾で知っている子が知っていることを語るだけでは意味がない」とのこと。1つの直線にタッチする問題はアイデアを教えてしまい，それをもとに「2つの直線にタッチする問題にチャレンジすることを主問題にする」とのことでした。

　線対称に点をとって結べばいいという手続きを，表面だけで理解していると，応用がききません。実際，大学生で試してみても，いろいろな誤答が出てきます。

　しかも，動かす点が2つあると，GC で調べても最適解を見つけるのは簡単ではありません。そういう使い方もあるのだなと実感しました。実際，附属名古屋中の生徒にとっては，ちょうどいい課題になりました。

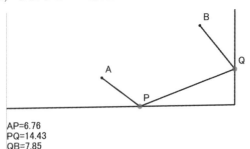

AP=6.76
PQ=14.43
QB=7.85
AP+PQ+QB=29.03

動かす点が2つある

　さらに発展させると，三角形の3つの辺にタッチする，

つまり，三角形の３辺に内接する三角形で周の長さが最短のものを求める問題（ファニャーノの問題）や，四角形の４辺に内接する四角形で周の長さが最短のものを求める問題などにも発展できることもわかりました。

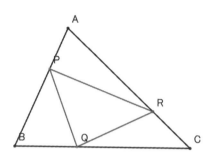

PQ=10.43
QR=10.97
RP=14.53
PQ+QR+RP=35.94

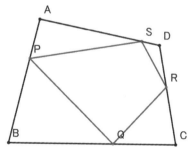

PQ=14.56
QR=9.68
RS=6.31
SP=14.20
PQ+QR+RS+SP=44.76

様々に発展できる

一方，中学１年生として，この問題の理解を深めるよう

な ICT 利用って，どんな工夫があり得るのでしょう。「犯人はこいつ」と手続きだけを覚えるのではなく，もう少し深い理解を求めるとしたら，何が必要なのでしょう。

きっとそれは，**「線対称に写した点と結んだ直線と，水際の直線との交点が最短になる理由を説明して」**ということだと思います。

だって，直線になるからという答えが返ってきそうですけど，そもそも，本当に最短になるのかという疑問を投げかけること自体が，先生が生徒に難癖をつけている，いじわるな質問をしているという印象を受けているとしたら，ちょっと残念です。

そういう問いが自然にわくような方法はないでしょうか。

そのための一つの方法が，「測定値の利用」です。

次図を見てください。

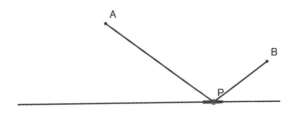

AP=17.2
PB=8.6
AP+PB=25.8

最短距離は25.8？

点 P を動かすことで，最短の場所を見つけることがで

きます。AP＋PB＝25.8になっています。きっと誰が触っても最短距離は25.8です。

　でも，…そうなる場所って，1点だけじゃないんですよ。図の中の，少し幅のある線になっている部分。どこでも25.8なんです。実は小数点以下2位の精度で調べても数点では同じになりますが，幅がもっと広くなるように，小数点以下1位の精度になっています。

　「ちょっと違ってもいいんじゃないか？　だって，コンピュータは正確なんだろ」
ととぼけてみると，先生のいじわるな質問でも，客観的な根拠を伴った質問ということになります。

　「コンピュータでは測定できないくらい小さな違いがあるはずだって，いえるのかなー」
ということができます。

　元の図だけでは2つの折れ線を比較することになるので，比較のしようがありません。

　でも，線対称の点と結んでおくと，折れ線と直線を比較することになり，細長い三角形の1つの辺と他の2辺を比較することになります。

　そういう意味で，隠れていた三角形，そして三角不等式を意識化するうえで，客観的なデータを伴って問題を語ることが役立つとすると，**測定値に違いがない点が値にもあることを実感するために，ICTを使う**という手はあってもいいのではないでしょうか。

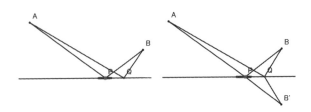

隠れていた三角形，そして三角不等式を意識化する

このことを一歩進めてみると，点Pの位置はちょっと
ずれても経路の長さは実はあまり変わらないということに
もなります。

パンくい競争で点Aから点Bにいくときに，等間隔に
一直線状にあんパンがぶら下げられているとしたら，どこ
を目指すとよいだろうか，というような状況を考えてみま
しょう。きっとみんな最短コースを選ぶでしょう。密になり
ます。ちょっと離れたところをねらうと，確かに経路は
長くなりますが，実はちょっとです。人が集まらないパン
をねらう方が，確実にモノにできるかもしれません。

現実問題をどう解決していくかというようなアプローチ
をする問題として，パンくい競争を話題にするとしたら，
最短経路で考えるような，最短の場所は一つだけとなる，
方程式的なアプローチが基本になりますが，ある程度の幅
は許容するという不等式的なアプローチも，もう一つの数
学的なアプローチの世界になってきます。

それを中学校1年の問題とすることは，適切ではないで
しょう。でも，中学校高学年や，高校生向けの問題として
再構成していくと，面白い素材になるかもしれません。

　実際，点 P を次図のように動かしたときの OP の長さ
を x，AP＋PB の長さを y としたときのグラフを GC で測
定し，グラフ表示させてみると，次のようになります。

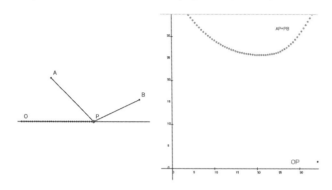

AP＋PB の長さを y としたときのグラフ

　また，PA＋PB の経路の長さが26になるような場所は，
次のような楕円になるので，どこにタッチしても，それほ
ど差がなさそうなことも実感できますよね。

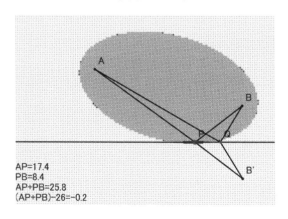

PA＋PB の経路の長さが26

CASE1-4

PA =2PB を満たす点 P の位置
（アポロニウスの円）

　大学生に教科書の問題などからの教材研究をさせるうえ
で，よく扱う問題の一つが「アポロニウスの円」です。定
点 A，B があり，動点 P があるとき，例えば，PA＝2PB
となる点 P の集合を求めよという問題です。

　高校数学では，この問題は，数学 A での初等幾何的な
解法と，数学 II での解析幾何的な解法の2つがあります。
多くの学生は，点 P を動かして PA＝2PB となる場所を
プロットし，それが円になることを確かめる問題として注
目するのです。

　この問題を扱ううえで，さらに工夫すべき点がいくつか
ありそうです。PA＝2PB となる P の位置を調べるうえ
で，例えば，左図のように PA と PB の値を観察しながら
暗算をした方がよいのか，右図のように PA と 2PB を比
較するようにした方がよいのか。

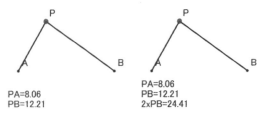

PA=8.06
PB=12.21

PA=8.06
PB=12.21
2xPB=24.41

PA と PB の観察

　点をプロットしたとき，次図のように円が得られたとします。次にどういうきっかけで，式での処理をすべきだなと思うのでしょう。

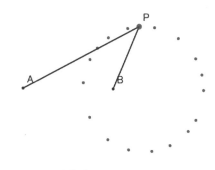

点をプロットして円を得る

　何となく点をプロットし，何となく式を計算して，何となく…では，それぞれがあまり意味がありません。

　少なくとも上図のような円が得られたとしたら，「**これはどんな円なのだろう？**」と問いかけるべきでしょう。この問いは，どういう特徴を把握すればいいのだろうかということも含んでいます。

　例えば，中心と半径がわかれば，その円は特定できることになりますよね。

　この図の場合，中心はすぐにはわからないけれども，確実な点として，円の端点，つまり直径についてがわかれば中心も半径もわかることになる。端点に関しては，2：1に内分する点，外分する点として，測定しなくても確実に条件を満たす点と語ることができます。

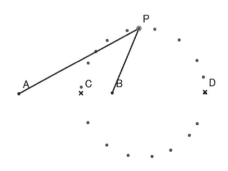

中心と半径がわかれば特定できる

　すると，この2点に関しては，確実性があるけれども，円の他のところに関しては，はっきりとしたことまでいえない。だから，数学的に裏づけることができないだろうかという流れで，PA＝2PBという条件の式を，座標を使って表現し，想定する円の方程式まで帰着することはできないだろうかという問いとして構成していくことができそうです。上記では，直接PAとPBを測定していましたが，少し別の問題の提示の仕方もあり得ます。

　図では，定点A，Bがあり，その中点Mと動点Pがあり，∠APBの二等分線があります。この角の二等分線がMを通るようにしたいのですが，Pの場所はどんなところであればいいのでしょう。これは簡単ですね。Mは中点なのだから，ABの垂直二等分線上ならば，△PABは二等辺三角形になるので，頂角の二等分線は底辺の中点，つまりMを通ります。

　この問題の中点という条件を，次図のように，ABを3

等分する点 C，D にします。そして，先ほどは中点 M を
通るような P を求めたのですが，今回は，D の方を通る
ような P を求めたい。

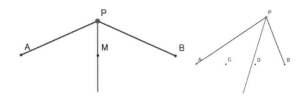

中点という条件を AB を 3 等分する点 C，D に

　結果として次図のようになるのですが，数値を観察しな
がら点をプロットするのではなく，角の二等分線が定点
D を通るようにするという課題の方がかなり自然に点 P
をプロットすることができます。

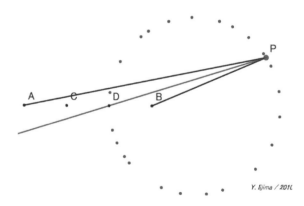

Y. Iijima / 2010

点 P のプロット

　すでにお気づきでしょうが，∠APB の二等分線なので，
AP と BP の比に内分する点を通るわけですから，D を通

るようにするということは，AP＝2PB となる場合を探すのと同じことをしていることになります。

つまり，中点を通る場合を，3等分された右側の点を通るように条件を変えた。それはどういう意味なのかを考えることも含めて生徒に求める問題ということになります。

また，このような形で問題を提起すると，見いだされた円は図形的にどういう意味をもつのか，に関して直径に対する円周角は直角なので，∠APB の二等分線に対して垂直な直線を引いてみると，次図のようになることがわかります。

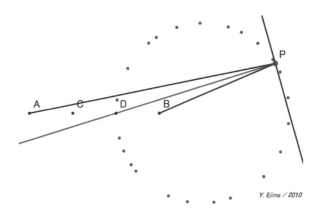

∠APB の二等分線に対して垂直な直線を引いてみる

これは初等幾何的な証明とも結びつくわけですが，このように，**調べるべき図を複数考え，それを比較してみるところから，より深い教材研究に結びついていく**のです。

CASE1-5
あえてフリーハンドの作図を
使った方がいい問題

　この素材を思いついたのは，もう25年以上前です。ゼミの学生と，基本的な図形をもとに探究に値する問題を探していました。

　左図のように三角形があったとき，辺の垂直二等分線を追加すると，1点で交わり外心になります。角の二等分線を追加すると，1点で交わり内心になります。中線だったら重心，垂線だったら垂心です。同様にできることを探しました。

　線の次に円に注目し，3つの線分を直径とする円を追加してみました。右図のようになりました。

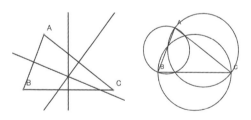

いつも辺上で，2つの円が交わる

　三角形を変化させても，いつも辺上で，2つの円が交わっている。辺と2円という3つが1点で交わるというのは，幾何的な興味深い性質（共点性）でもあります。

　最初の頃，どんな興味深いことが起こるかを予想し，そ
れをその場で確かめる問題として使ってみました。

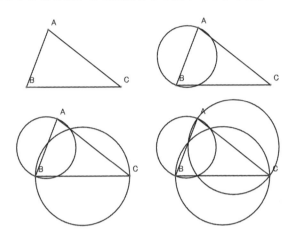

どんな興味深いことが起こるか確かめる問題

　プロジェクタで三角形を投影しておきます。

　**「ここに順番に，AB，BC，CA を直径とする円を追加し
ていこうと思いますが，どんなことが起こるかわかります
か？」**

　まず AB を直径とする円を追加し，点 A を動かしてみ
る。「うーん。何も面白くないですね」

　そして，参加者（多くの場合中学校の先生方）の表情を
見ながら，

　「次の円を追加すると，何か起こるのでしょうか？」

と発言する。表情にいろいろな変化があります。こういう
ことが起こるはずじゃないかと予想できた人，何もわから
ない人，分かれるわけです。

　そして，やはり表情を見ながら BC を直径とする円を追加します。すると，前ページ２段目左下の図になります。予想が当たったとちょっとうれしそうな振る舞いをする人，そういうことなんだという反応をする人，やっぱりよくわからないという人。混在しています。ここでは図は動かしません。

　「もう，どこに注目していいのか，わかってきた方増えてきたようですね。３つ目を追加したら，どこにどんなことが起こるか，予想できますか？」

　その場の雰囲気で，誰かを指名して注目すべきあたりを指さしていただくこともあります。そんなことは言わないで３つ目を追加することもあります。３つ目を追加するときに重要なことは，図を見るのではなく，参加者の方々の表情を見ることです。やっぱりそうかというように多くの人の表情が変わることを見て，手ごたえを感じるわけです。

　そして，図を動かし，

　「どんな場合もなりますからね。あれ，鈍角三角形だとだめなのかな」

と言いながら次図のようにしてみます。

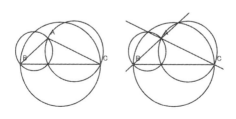

鈍角三角形だとだめ？

「これ，どう考えるといいのでしょう？」

すると，

「延長したらいいんじゃないかな」

という発言がくる。確かに，とそういうやり取りを楽しむ
教材として扱ってきました。

　楽しい事例ですが，問題がありました。

「これ，幾何的に見て価値あることですよね。つまり定
理だ。では命題の形で表現し，証明してみましょう」

　命題の形で表現することはできます。でも，証明するこ
とが…中学校の先生方でもほとんどできません。大学生で
も難しいです。問題が難しいかどうかということよりも，
この手の初等幾何の問題は慣れていないので，どういう論
法で証明したらいいかがわからないのです。上位の子にし
か通用しないと思いました。

　いろいろと試行錯誤をした結果，最近では，次のような
展開にしています。

「今日は，皆さんのフリーハンドの作図の力を試したい
と思います」

「まず，A4の紙を配ります。この真ん中あたりに△ABC
をかいてください。好きな形で構いません」

「次に，ABを直径とする円をかいてください」

「できましたか。きれいに1本の線でかきましょうね。
美術のデッサンみたいに何本も引かないでくださいね。後
で私が採点しますから」

「次に，BC を直径とする円をかいてください」

「次は，もうおわかりかと思いますが，CA を直径とした円をかいてください」

「今日はフリーハンドの作図の力を見たいと思っているので，独断と偏見でそれぞれ採点したいと思います」

そして，机の間を周りながら，出来上がっている図に対して，それぞれ採点します。

「これ，何点だと思う？」「50点」「そんなにひどくはないでしょう。80点かな」ちょっとうれしそうな表情をされます。

「これは何点だと思う？」「70点」「そうですね。まあ，そんなもんかなー」「これ，珍しいね。こういう図をかく人はあまりいないんだ。点数をつけるなら80点だけど，変わった性格の持ち主なのかもしれませんよ」

そんなことを言いながら，一通り回った後に次のようにつけ加えます。

「私の採点は，独断と偏見に基づいています。きれいだからよい点をつけるとかいうことではなく，いくつかのポイントしか見ていません。どんなポイントで採点しているか，わかりますか？」

代表的ないくつかのスケッチを書画カメラ経由でプロジェクタを使って投影し，図と点を紹介します。中学校の先生対象のときには，ほぼ確実に，100点の方もいます。

「これ，100点ですね。ねらってかいたでしょ」

また，こんなことも言います。

「これは，直角三角形なので高得点になりやすいですね」

「正確にかいたとしたら，どうなるかを GC でやってみますから，それと比較してみてください。私が見ているポイントを意識しながらね」

　こうして，GC を使って正確な図をつくり，動かして，どんな場合でも，２つの円と辺が１点で交わること，そのポイントが３か所あること，直角三角形のときには，ポイントが１か所になってしまうことなどを確認します。

　同時に，これを証明しましょうという代わりに，次のように投げかけます。

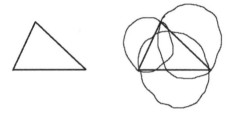

70点の図

「これ，70点の図です。減点されちゃっている図です。GC の図と違うから減点なんて，納得できないですよね。この図の中では，もし正確にかけたとしたら，起こってはいけないはずのことが起こっている。それがわかれば，減点も納得できますよね？」

　はい。それでは，それを課題にしましょう。

　この図の中で，起こってはいけないこととして，どこがどうまずいのでしょう。その場所を指摘し，なぜまずいのかを説明してください

必要に応じて，注目すべきポイントを一つに絞ります。

　この２円の交点をPとしましょうか。Pが上に浮いていてはまずい。なぜか。

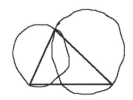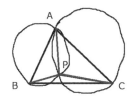

Pが上に浮いていてはまずいのはなぜ？

　この問いならば，ある程度時間を確保すると，多くの人が次の証明に気づいてくれます。

　補助線として，AP，BP，CPを追加し，
　∠APB＝90°（直径に対する円周角）
　∠APC＝90°（直径に対する円周角）
　つまり，∠BPC＝180°となり，折れ線BPCは一直線になってしまうから，PはBC上になるはずなのに，上に

浮いている（∠PBC や∠PCB が 0 でない）のはおかしい
のです。

　これは背理法を使った証明になっているわけですが，そ
ういう論法を参加者（授業だったら生徒）の発想とは違う
ところから持ち出して進める代わりに，参加者自身がつく
った図を使って，
　「これがおかしいというのを論理的に納得しよう」
ときっかけを提供することになるわけです。

　いろいろな場合を観察して，性質を帰納的に導いていく
うえでは，正しい図の観察が適切です。
　しかし，実は証明を考えるうえでは，もとになるものと
して使ってよい性質と，証明すべき性質が混在してしまっ
て何をどうしたらよいのかがわからなくなってしまうため，
かえって正しい図を使って証明を考えるのは難しいことが
少なくありません。
　そういう意味で，証明に際しては，フリーハンドの正し
くない図を使って証明を考えるように誘導しているねらい
もあるのです。

CASE STUDY2

探究に焦点を当てた授業の実際

CASE2-1

1992年の玉置実践（名古屋中学校）
─不可能の証明─

　GC を使った初めての研究授業をしていただいたのは，上越教育大学附属中学校での中野敏明先生でした。

　その後私は愛知教育大学に転勤したので，本格的に様々な授業研究のコラボをさせていただいたのは，愛知教育大学附属名古屋中学校数学科の方々で，当時の玉置崇先生，鈴木良隆先生，八槇直幸先生，永井聡先生という構成は，今思い出しても贅沢なメンバーだったなと思います。

　皆さん私と同じか年上の方々です。私は大学に就職してまだ３年目くらいですが，先生方はもう10年以上の教員経験をもっているうえに，日々授業について実践や議論をチームとして取り組んでいる。GC を生かすような素材や数学としてのテーマ，あるいはソフトの改変やデータ作成などを私が行い，授業化や実践を数学科の方々が行う。

　そんなコラボを楽しみながら，熟練した授業者はどうやって授業をつくり実践しているのかを私は学びました。

　その中の一つが，四角形の角の二等分線でできる四角形の問題です。私は「不可能の証明」というテーマとして位置づけて提案しました。

　CASE STUDY1で述べたように，ABCD をどんな形に

しても PQRS はいわゆる平行四辺形やひし形にはならない。その理由は，PQRS には隠れた共通する性質として，円に内接する四角形になるからだ，ということを中学生が2時間構成の授業によって扱えないだろうかというものでした。

　最初に扱った授業の中では，ABCD が台形になる場合に関して，円に内接する四角形になるという指摘や，1組の向かい合う角が直角になるという指摘がありました。深く考えてみようとしてみたかった台形の場合について，ほぼ模範的な答えが出てしまったのです。

　一方，一般の四角形の場合に関しては，四角形という答えしかありませんでした。おそらく，あの空気感の中で不可能性に引っ張っていくのは無理だよということだったのだろうと思います。観察した結果をきちんと証明することにしよう，という流れになりました。

　授業後の協議会では，あってもいいはずなのに実際には表の中にない。本当にないのだろうかという意識をもっともたせたい，そのために，ワークシートの中に，結果としての PQRS だけでなく，観察の前に予想を書く欄を追加してみようなどのことが話題になりました。

　2回目の授業。玉置先生らしい元気で楽しい授業が展開していきます。最初に四角中点を素材に，ソフトの使い方，問題との接し方などを簡単に触れていきます。いろいろな場合を調べることに関して，具体的にどんな場合がありそうかを検討する中で，たこ形についての生徒とのやり取り

で，笑いの渦も起こります。いつも感じることですが，生徒とのやり取りが本当にうまい。ただ，うまいというだけでなく，事前の協議をうかがっていると，そのやり取りはかなり計算されている。随所のやり取りの観察が，私にとっては学びの連続でもありました。

　いろいろな場合について，まず予想を書かせました。予想の欄を見ると，PQRS のところに平行四辺形を書き込んでいる生徒がかなりいます。結構いけるんじゃないかな。そう思いました。そして，GC を使った観察を 2 人 1 台の PC で行い，随時ワークシートに結果を書き込みます。このクラスでは，ABCD が台形のときに，PQRS に関してはみな四角形とのみ書いていて，向かい合う 1 組の角が 90°なんて書いている生徒はいない。1 回目とは違う流れになりそうだと思いました。35分くらいから，どんな形ができたかを生徒に聞き，まとめていきました。

ABCD	PQRS
正方形	点
長方形	正方形
ひし形	点
平行四辺形	長方形
台形	四角形（向かい合う 1 組の角が90°）
等脚台形	たこ形
たこ形	点
四角形	四角形
くさび形	2 つの三角形

どんな形ができたか

　台形に関して，玉置先生は注意深くやり取りをしました。最初生徒から「四角形」という発言があり，「四角形っていうのは，特に名前のつけられない四角形？」と確認し，生徒はうなずきます。

　先に進もうとすると，ある生徒が，「向かい合う１組の角が90°」という発言をします。前のクラスで，すぐに「円に内接する四角形」と語った生徒もいたので，「他，いますか？」と確認しますが，反応がないので，次に進みました。

　そして，一般の四角形に関して，やはり「四角形」という発言。「特に名前のない四角形」と言いつつ，先ほど「向い合う１組の四角形」と発言した生徒に「このときは何もないですか？」と意図的指名。「それについてはやっていません」とのこと。

　彼女が一般的なことを見抜いていたら，それを扱うのも一つの選択肢として，確認されたのだと思います。

　ここで一段落し，予想のことを話題にします。「予想と比較して，かなり当たった人とかなり外れたという人がいると思います」と。外れた人に，「具体例を挙げてくれるかな？」と投げかけます。ワークシートを見ていた私たちは，きっとすぐに反応があるだろうと思いました。

　でも，生徒からの発言は，「台形のときに長方形ができると思ったけれども違った」とか，「全部相似になると思ったけれども違った」などでした。もう41分を過ぎました。

　PQRS 側の枠の方を示して，

「これ，ちょっと見直してみようか。長方形，正方形，たこ形とかですね」

「これ見てどうですかね」

「なんかこう…思うことない？」

「こういうのはあってもいいなあとか，予想した中で…」

「これ，どうなんですかね。これ」

「どんな感じしますかね。こっち側の」

「できあがったやつ」

いつになく，歯切れが悪いのは，生徒の重苦しい雰囲気を表しています。きっと生徒の方も，何を答えたらよいのか，とまどっていたのでしょう。

先生は，いろいろな場合を一通り調べることを求めた。そして，結果を出した。結果が出ていることに対して，議論も盛り上がったし，長方形になると思ったのが違ったとか，振り返りもできた。

まだ，何があるんだろうと，きっと生徒の方も思っている。先生の方も，どう尋ねるのがよいのか，聞きあぐねている。普段の元気なやり取りとは違う間が，続きました。

「感想だけでいいので，聞いてみようかな」

「別にあまり思わなかった」など，歯切れのよくない言葉がいくつか続きました。

もう42分を過ぎています（この日は45分授業）。

「Y君はどう？　なんかない？」

「平行四辺形がないのが…ねぇ」

「平行四辺形がないのが？　『ねぇ』って言われてもなあ。…おかしいなあって思うの？」

「さみしい」

「さみしいんだ」

（笑い）

「いやいや，国語的な表現ね。平行四辺形がないのがさみしいなあ。あとそういうさみしいなあっていうのある？」

　最初，どういうことか通じにくかったのかもしれません。でも，30秒もすると，意図が伝わっていきます。

「平行四辺形になると思ったのに，…おかしいなあって思った人はちょっと手を挙げて」

　結構手が挙がります。

「あとどうですか？　こんなのがあってもいいのになあと思ったのはないですか？」

「台形がない」

「ひし形がない」

　もう44分を過ぎました。玉置先生は「この辺で…」と私の方に視線を送ってきたので，ちょっと余計なことを私が言いました。

「PQRS の欄に四角形ってあるでしょう。その四角形の中に，もしかしたら平行四辺形もあるかもしれない。台形やひし形もあるかもしれないし，ないのかもしれない。それをもう少し追究できないかなって。でも時間がないから，明日の課題になりますかね」

　ちょっと押しつけ気味になったのですが，次の日に普通教室で，証明中心の授業として取り組みました。

　まず，台形に関して，「1組の対角が90°になる」という予想は正しいのかどうか。それを手がかりに，一般の場合にも何かいえることはないのかを，ワークシートの図形の書き込みをすることで取り組みました。

　対角の和が180°になること，そのため，円に内接する四角形になることが証明されました。教室に持ち込んだ大きなテレビ画面（今でいうプロジェクタ）でそれを確認し，どんな場合でもPQRSが円に内接するということは，「さみしい」と言っていた平行四辺形の条件が満たされる場合には，長方形になってしまうので「ない」こと。ひし形も同様であることなどを視覚的にも実感し，「さみしい」という言葉を満喫したのでした。

　授業では平行四辺形とひし形しか扱わなかったのですが，その後，職員室の玉置先生のところにやってきた生徒が，台形について気になったので調べてみた結果，PQRSは等脚台形になる場合があることを発見したというのです。

　さらに，PQRSが等脚台形になるためには，ABCDに対して，どういう条件が必要になるかについて調べた結果を報告したとのことをうかがいました。私たち自身その結果については調べていなかったのですが，授業が終わっても熱心に調べたくなる生徒が生まれるくらい熱中できたことに，うれしさを感じました。

　授業を振り返ってみたときに,「さみしい」という言葉が出た瞬間が,明らかに分岐点でした。「平行四辺形があってもいいはずなのにない」ということに気づいてほしいと,いろいろなタネはまきましたし,そういう気づきは生徒の中にあることも気づきました。

　でも,やはり生徒の発言として生まれてこないと,結局先生主導になってしまう。発言しやすくなるような様々な工夫をしつつも,待っている玉置先生の姿や,最初違和感があった「さみしい」を,次の時間には全員の納得感に育てていけた充実感を与えてくれた授業でした。

　一方,今振り返ってみると,最初の課題に対して一通り結果を出し,その結果の全体像を観察して,どんなことを感じるかという問いは,生徒たちにはきっと違和感があったのだと思いますし,授業者の玉置先生にとっても違和感があったのかもしれません。

　ICT を使いながら観察や実験が容易に行えるからこそ,**観察しておしまいではなく,そこから感じることをもとに,次の問題をつくっていこうというスタイル**は,デジタルネイティブの今の生徒たちにはすんなり受け入れられているのか。改めて重要なポイントであることを実感しました。

CASE2-2

2003年の公開授業（名古屋中学校）
―正方形に内接する四角形の面積―

（1）教材研究

　私は授業研究に関してコラボを基本としてきました。ソフト開発・教材開発などの観点ではいろいろな提案はするけれども，授業そのものは普段授業をする方が取り組む方がいい。今も基本的にはそういうスタンスでいるのですが，2003年の日本数学教育学会の夏の大会が愛知であったときに，委員長の志水廣先生から，大学の人間も公開授業をすべきだという提案があり，大学に就職以来，中学校で初めての授業をすることになりました。

　図のように，1辺の長さが4cmの正方形 ABCD の4つの辺上に4つの点 P，Q，R，S をとり，それを結んで PQRS をつくります。

　このとき，PQRS の面積について考えましょう。

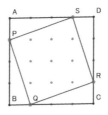

　対象は中学1年生。しかも8月ですから，文字もあまり使えないし，もちろん関数や方程式も使えない。図形を動かして調べることのよさを実感するって，結構ハードル高いです。扱う素材は，私の気持ちの中では上記の問題のように何となく決まっていました。

　最初，すべて中点にとっておくと，面積は全体の半分の8㎠。頂点Pを動かしても，その面積は変わらない。ついでにRを動かしても変わらない。でも，Qも一緒に変えると，変化します。具体的に調べて比較し，問題を発見することを扱いたかったので，それぞれの辺を4等分し，そこだけに動きを限定することにしました。

動きを限定する

　夏休みに飛び込み授業の形で行うため，他のクラスで事前に試してみることもできません。時間が足らなくても，別の日に補足をすることもできません。生徒の観察結果や気づきとして，どういうものがありそうか。そして，それをもとに問いとして定式化し，限られた時間の中で一定の解決まで到達するとしたら，どういう可能性がありそうか。複数の選択肢を用意し，授業の中では状況に応じて臨機応変に対応できる体制にしたいと思いました。

　面積を測定値で表示する方法もありますが，今回，しく

みを考えることに意味があると思ったので，測定値は表示せず，自分たちで暗算して考えることにしました。考え方をまず共有しておかないといけないので，次図についてみんなで考えておき，例えば，正方形から外側の三角形の面積の和を引き算する方法を共有できるようにしました。

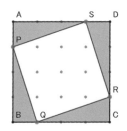

正方形から外側の三角形の面積の和を引き算する方法

どんな数値の面積がつくれるはずか。その一覧です。

0，2，3，4，5，6，6.5，7，7.5，8，8.5，9，9.5，10，11，12，12.5，14，16

「この数値を見て，どんなことを感じますか？」とたずねるなら，次の2つが想定できます。

a. いろいろな整数があるが，ないものもある。

b. 整数になるものと半端なものがある。

ここから，2つの問いの可能性があると思いました。

問1：どんな面積ができ，どんな面積はできないのか。

問2：どんなときに面積が整数になり，どんなときに半端になるのか。

　外側の三角形の面積と合同な三角形を追加すると，次図のように，中に長方形の存在を意識することができます。

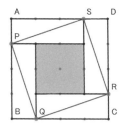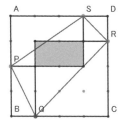

長方形の存在を意識する

　例えば，PQRS の面積，外の三角形の面積の和，中の長方形の面積を書き込む表を配付し，気づくことを拾い上げていきたいと思いました。形をつくり，計算し，次のような表になると思います。

PQRS	三角形の面積の和	中の長方形	
8	8	0	
9	7	2	
10	6	4	
11	5	6	
12	4	8	
14	2	12	

PQRS の面積，外の三角形の面積の和，中の長方形の面積を書き込む表

　上記では13がつくれないので飛んでいるわけですが，PQRS の面積が13になるためには，三角形の面積の和は3になる。すると，長方形の面積は10でないといけない。10は積の形に表現すると，5×2になるけれども，辺の長さは4しかないから，そういう面積になるはずがない。

　こういう思考から13ができないことの理由がわかると、長方形を積の形に直して、つくれる／つくれないの判定ができることに発展させ、さらに次のような表で表現されていくことが想定されます。

　例えば、このようなことに気づくと、問1に関しては、8以上がこの表からわかり、8未満に関しても同様の表をつくることで判定できることがわかります。

　また、整数になるのは、中の長方形が偶数の場合であり、半端になるのは、中の長方形が奇数になる場合、つまり上下、左右における点のとり方のズレが両方とも奇数になっている場合であることがわかります。

PQRS	三角形の和	中の長方形	長方形の形
8	8	0	0 × 0, 0 × 2 …
8.5	7.5	1	1 × 1
9	7	2	2 × 1
9.5	6.5	3	3 × 1
10	6	4	4 × 1, 2 × 2
10.5	5.5	5	5 × 1 … ×
11	5	6	3 × 2
11.5	4.5	7	7 × 1 … ×
12	4	8	4 × 2
12.5	3.5	9	3 × 3
13	3	10	5 × 2 … ×
13.5	2.5	11	11 × 1 … ×
14	2	12	4 × 3
14.5	1.5	13	13 × 1 … ×
15	1	14	7 × 2 … ×
15.5	0.5	15	5 × 3 … ×
16	0	16	4 × 4

長方形を積の形に直した表

　このように，**点の位置を制約することによって，整数の性質についての考察の余地が生まれていく**ことがわかりました。

（2）公開授業の実際

　それまで，中学校での授業を拝見することは何度も何度もありました。でも，私は授業者をサポートするのが自分の仕事であって，授業をする立場ではないと思っていたこともあり，大学生には授業をしても，実際の中学生に授業をしたのは，大学院生のときの非常勤講師としての授業以来ですから20年近く前のこと。しかも練習することもなく，急に，「ではよろしく」と渡されました。

　40人の中学1年生の視線がこちらを向いています。その向こうには参観者がやはり同じくらいいます。「お願いします」の号令がかかるまで，とても緊張しました。

　緊張はしたままでしたが，授業開始とともに，参観者のことはまったく気になりませんでした（当時附属名古屋中の校長だった中野靖彦先生は，「最初のあたりは見ていられなかった」と話されていましたが）。

　黒板にプロジェクタを投影し，直接書き込みます。頂点の位置を変えると面積が変わる。でも，動かせる頂点は4つもある。「よくわからないね，何か変わっている。今日はこんなのをやりたい」今振り返っても，何を考えたいのかよくわからない言葉を語っていますが，明確に言いすぎてしまうと，ただその問題を解くだけになってしまう。な

かなか悩ましいところです。

　曖昧ながらも，問題の意味をわかってもらうまでには，約12分かかりました。

　まず，一つの図をワークシートにかいて面積を求めるところで，面積の求め方を数人の生徒に発表してもらいました。時間短縮のため，自分の席で画用紙に書き込んだものを黒板に貼り，複数のアイデアを発表してもらい，関連性を整理しながら，中の長方形（正方形）に注目しやすいように，マーカーで強調します。

　このあたりは，たぶん普通の授業でも慣れているやり方でしょう。生徒の方も的確に発表してくれました。

　とりあえず，全員が一つ以上の場合について面積を求められたのを確認し，聞いてみました。

　「さっき，ここ（PQRS）の面積は8でしたね。今見て回ったらやっぱり8の人が多いんだ。面積が8になった人は？…多いね。…18人」

　「8以外の面積ができた人は手を挙げてください」

　「9.5」

　「変わっているね，9.5」

　こんな調子で，学級として，どんな面積をつくれたかを確認しました。

　8，9.5，10，9，7.5，8.5，4，6.5，0，6…

　「40人で調べた結果，こんなのが見つかったんですが」

　次がこの授業で一番言いたいこと。わかってくれるかどうかわからないけど。生徒の表情を見ながら発言します。

「次，何しようか」

「やみくもにいっぱい調べてみる手もありますが，でも
やっぱり，ちょっと調べたら，そこで何か面白そうなこと
はないかなって，ここで考えたい」

「それがね，ちょっとずつ動かしていると，一番楽しい
瞬間なんですよ」

「みんなだったら，何をする？」

「いろいろあるかもしれないんだけど」

ビデオから作成した会話記録では，次のように続きます。

「何か，思った人？」

「さっき何か言ってなかったっけ？」

「ううん」

「言ってたよー。…言ってよ。…やだ？」

「いや，別に」

「じゃあ，言うの，嫌じゃなかったら言って」

「どうやったら，そういう面積になるかを調べる」

「そういうって，どういう？」

「だからその，9とか10とか」

「じゃあ，かいてみようか」

「今は，適当につくったらだったんだもんね」

図を適当にかいて，その面積をかいてみるというのでは
なく，ある値の面積になるような図をつくるとか，ある値
の面積があったら，その面積を一定だけ増減するように変
えるには何をしたらよいのか。そのように意識を変えたい
と思ったのです。

ビデオには記録されていなかった。でも，私の耳にははっきりとこの指名した子のつぶやきが聞こえていたのです。

この気持ちを拾い上げたいと思い，初対面にもかかわらず，「さっき何か言っていなかったっけ？」と投げかけ，その生徒は即座に「ううん」と否定したのですが，「言ってよー」とお願いし，「やだ？」と畳みかけると，「いや，別に」と語ることに同意してくれたのでした。

この流れがつくれると，発言もまとまっていきます。

（別の生徒に対して）

「君も（この後やりたいことは）同じ？」

（首をふる）

「違うんだよね。言って」

「きまりみたいなものがあるとか」

「どんな？」

「ひとマス動かすと面積がどう変わるか」

「なるほど。他に，こんなことを調べたらいいんじゃないかと思う人は？」

もう残りが15分くらいしかありません。２人の問いの片方を採用するしかないと思いました。どちらを選択しても，それなりに決着することはできそうです。みんなで選択した空気をつくりたいと思いました。

「今日は２人が言ってくれたことのどちらかをやろう」

「Ａ君のこだわりとＢ君のこだわり，両方ともなかなか面白いです。どっちが難しいかということもありますが，両方とも面白いです」

「どちらかをやるということでいいね？　○○君，オレのをやれっていうのでなくてもいい？　じゃあ，多数決で決めちゃいましょう」

21対20（両方挙手した生徒もいたのかもしれません。合計40名だったので）。

最初の問いの方になりました。

「○○くん，何か数を決めたい。どんな面積の四角形をつくりたいか，その数を決めてください」

「じゃあ，7」

「7。じゃあ，面積7の四角形をつくりましょう」

「7をぜひいっぱいつくってください」

4分ほどで，「7の図」を集め，黒板に貼ります。4種類ありました。

「で，本当はね，『これらに共通する性質はなんだろうか』を調べたいんだけど，ちょっと時間がかかってしまうと思うので（残り4分），B君の気づきがわかると，例えば，今前にある図をちょっと動かすだけで7をつくれてしまうので，それ，いきましょう」

ここで，GCでの面積の測定機能をonにします。

「今の面積はいくつかな…9ですね」

「例えば，ここを一つ分動かすとどうなる？」

「8」

「いくつ減っている？」

「1」

「ということは，もう一つ分向こうに動かすと，いいの

かな？」

「どんな場合に，１ずつ減るのかな」

「微妙なのもあるね。例えば，8.5」

「ここを一つ上に動かすと，…8」

「次は？　7.5」

「ということは，たぶん次が…7」

　もう時間（50分）なので，こんなことを板書にまとめました。

「P，Rの様子によって，QやSを動かすと，0.5ずつ，１ずつ，1.5ずつ」

「これ，何かきまりありそうだね」

「だから何かつくっておいて，ちょっとずつ動かしてみると，実はね，できちゃうんですよ」

「もちろん，こうしてできた面積７の四角形の集まりには共通性があります。でも今日は時間がないから，きっと担当の先生が２学期にまとめてくれるんじゃないかな」

「最初のつまらなく見えた図形でも，ちょっと動かしてみたら，なんか秘密が見つかってきたかなっていう実感。そういうのを楽しんでもらえたかな」

「そういうのを実感してもらったところで，今日の授業をおわりにさせていただきます」

　今授業記録で振り返ってみると，まとまりの足りない部分も実感するので，参観された方にとっては，不満を感じた部分もあったかもしれません。でも，私自身はこの授業の中で，いろいろな手ごたえを感じました。

　まず，**生徒は助けてくれる**という実感。「よいことに気づいてくれているんだから，それ，言ってほしいな」という気持ちを感じ取って発言してくれたことに，大きな感謝を感じました。

　そして，できるだけ多くの生徒の取り組んでいる様子を観察し，つぶやきなどから考えていることを推察し，どういう気づきや疑問を拾い上げると次につなげていけそうかを考えるには，**自分の感覚を最大限に使わなければいけない**。この気づきを拾うなら，想定しているいくつかのパターンの中のどれを使うかを瞬時に考えないといけない。しかも，そこで提示する問題も，生徒の感覚に合わなければいけないし，全員にとって作業可能なものでなければいけない。さらに，大学では時間に多少ルーズでもかまわないけど，中学校では，基本的に時間にぴったり合わせなければならない。

　もちろん，そんなことは今まで参観者として見てきましたし，感じてきました。でも，自分が授業者になってみると，その実感は全然違う。自動車の助手席と運転席の違い以上に，全然違う。そして，少なくとも自分にとっては，今日の授業は生徒の様子を一生懸命観察し，その場で意思決定し，できるだけ生徒の感覚に沿った授業ができたような気がする。そんなライブ感のある授業ができた気がした，幸せな時間でした。

　自分が「ライブ感がある授業を」と語るとき，自分の中の原体験の一つになっている授業です。

CASE2-3

2013年の研究授業（千郷中学校）
—2つの角の関数関係—

（1）教材研究

　2003年の経験は，私に大きな手ごたえを与えてくれました。一言でいえば，授業って面白いということです。

　その後，高校で出前授業をする機会は，数回得ることができました。中学校で取り組む機会はなかなかなかったのですが，2013年に，大学院での授業合宿という形で，愛知県新城市立千郷中学校で実践するチャンスをいただきました。実は前後して，岡崎市立葵中学校での研究授業のサポートをしていて，同じ素材を違うねらいでチャレンジしてみたいと思っていました。そこでの様子を，ここにまとめておきます。

　最初に葵中学校の先生方から相談されたのは，図形あるいは一次関数の素材を使って研究授業をしたいというものでした。いろいろな素材を検討しながら，図の中の2つの角 $x=\angle BAC$

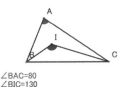

∠BAC=80
∠BIC=130

2つの角の関係

と $y=\angle BIC$ の関係について調べる問題に焦点を当てることにしました（I は∠B と∠C の二等分線の交点（つまり内心））。

　実はこの問題は，1989年に，上越教育大学附属中学校において，GC を使った初めての研究授業を行ったときの素材でした。当時の DOS 版の GC はキーボードで操作するものでした。点 A を矢印キーで動かすと，上下左右に動くわけですが，それに伴って，∠BAC と∠BIC の大きさが表示されます。いろいろな値が測定されるものを表にまとめたり，グラフにプロットしたり，∠BAC がとても小さくなったときに∠BIC はどうなるのか，∠BAC がとても大きくなったときに∠BIC はどうなるのか。それは図形として，また関数としてどんな意味がありそうかを探究するものでした。

　葵中学校で取り組むときには，iPad 上の GC/html5を使います。

> 　２つの角の大きさの関係を調べるには，どうしたらいいだろうか。

という問いに対して，

　x（＝∠BAC）を60°，70°，80°のように10°ずつ増やしたときに，y（＝∠BIC）がどう変化していくかを調べるとよいというような調べ方についての発表をさせ，

　「じゃあ，そういう方針で表を埋めてみよう」

と，グループ活動に委ねます。

　一定の時間が経ったら，それぞれ表ができるはずなので，

それをもとに式とグラフを作成していき，一次関数になっていることを見いだし，時間に余裕があったら，それを図形の問題として証明をするという流れを考えたのです。

x	..	40	50	60	70	80	90	100	..
y	..	110	115	120	125	130	135	140	..

　上越教育大学附属中学校での授業のときと違うのは，iPad 上ではタッチで点の位置を細かく制御することができるため，（小数点以下を表示しないようにしておくと）整数部分がぴったり60°，70°，80°となる場合をつくることができることです。そのため，表を観察すれば，x が10増えるごとに，y が5増えることがわかり，関数関係を見いだしやすいのです。

　葵中学校で実施するための教材として，葵中学校の先生方は満足していましたし，実際の授業もうまくいったのですが，私はちょっと不満を感じていました。

　一言でいうならば，「ストーリー通りに作業を進めていけば最後まで辿り着く」感じなのです。「これどうする？」ととまどい，「どうしたらいいだろう？」ととまどい，意思決定をする場面が見当たらないのです。私たちの立場から眺めると，「$x=60$°にしたい」と思ったときに，そうなる場所は1か所ではありません。

　違う場所であっても，$x=60$°であれば，いつでも y の値は同じになるのか，という疑問があってもいいけど，きっとそれは生徒が感じる問題にはならない。上越の生徒た

ちは，データがきれいではないから，グラフにしたいと思ったり特殊な場合に注目したいと思ったりしたけれど，何かそういう自分たちなりの問題を発見してチャレンジするための入り口をつくれないだろうか。

　この図では小数点以下を四捨五入しているので，表示される結果がきれいでない場合もあるけど，きっとちょっと動かしてうまく規則に合致する場合の方を採用してしまうのだろうけど，実は目の前の測定値は四捨五入されているから，注意して観察しないといけないと思うような教材化はできないだろうか。

　ちょっとひねくれているようにも思えますが，そんなことを考えました。実際，葵中学校の先生方は，いつもの生徒を対象にしているわけですから，円滑に授業が進むに決まっています。

　私が千郷中学校で飛び込みの授業をするわけですが，ただ同じ教材を下手に実践するのでは芸がない。同じ下手さを実感されるとしても，こういうことにチャレンジしたのねと，違うチャレンジの文脈の中で取り組む方が，大学教員がチャレンジする授業らしいんじゃないか。そんなことを感じました。

　そこで考えたのは，点 A の動きを格子点の上だけに制限するということです。

　次図，つまり∠ABC＝90°になっているような直角三角形について考えるという問題として，点 A は格子点上の

みを動くようにしました。つまり，どのグループも同じ値になるはずなのです。

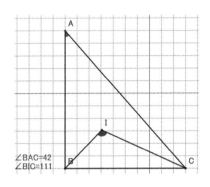

∠ABC＝90°になっている直角三角形について考える

　Aの位置は同じ長さずつ変化しますが，x（＝∠BAC）は一定の変化をしてくれるわけではありません。しかも，x，yともに小数部分を四捨五入した整数値が表示されているので，測定結果は次の表になりました。

x	40	42	45	48	51	55	59	63	68	73
y	110	111	113	114	116	118	120	122	124	127

　この，（四捨五入による）誤差も混入している表から，どういう規則性を見いだすだろうか。変化の割合はちょっと変化してしまっているように見えるとしたら，何をしたらよいのか。グラフにしてみよう。グラフは直線のように見える。どんな式といえるのだろう。なんでそういう関係が成り立つといえるのだろうか。

　この関係から元のデータを見直したとき，どんなことを考えることができるか。そういう教材として提示すること

ができないだろうか。そんなことを考えました。

　葵中学校用の教材と千郷中学校用の教材。GC でつくった図でいえば，タッチあるいはマウスで点を自由に動かす図と格子点上のみを上下に動かす図という違いです。

　それだけの違いですが，生徒の探究の様子も変わり，そこで考える内容も変わり，授業の目標も変わっていく。それが探究の観点からの教材研究の実際といえます。

（2）研究授業の実際

　2003年の附属名古屋中学校での授業から，10年が経過し，新城市立千郷中学校で再び中学生を対象とした授業を研究授業として取り組むことになりました。

　2003年の実践の後，高校への出前授業などは何度も経験しましたが，中学生の前での授業は10年ぶり。大学院の授業研究会ですから，教科書に則した事例とか，過去に行った授業実践例でもよいのですが，たとえ授業として下手でも，「こういう意図を実現したかった」という思いだけでも語りたいと，思ったのです。

　まず，岡崎市立葵中学校での授業の様子を素描しておきましょう，「どんな調べ方がいいかな」と投げかければ，「x（∠BAC）を，10°ずつ変えたときに y（∠BIC）が，どれだけ変わるかを調べる」という生徒の発言が想定され，そうなるように，点 A を動かして 2 つの角の大きさの様

子を表にまとめ，変化の割合が一定であることを発見し，最後にグラフにすると，という流れが想定されていました。

　実際，研究授業では，ほぼその意図通りに授業が進んでいきました。

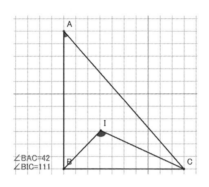

2つの角の大きさの様子

　教材研究のところでも述べたように，私の授業では，少し違うアプローチをしたいと思いました。点Aが格子点のところを動いていくという設定にしていますから，下記のような表になっていきます。誤差が含まれているデータをどう乗り越えていくだろうかというチャレンジなのです。

x	40	42	45	48	51	55	59	63	68	73
y	110	111	113	114	116	118	120	122	124	127

　授業では冒頭から，

　「iPad便利だよね。でも，デジタルって100%信用してよいとは限らない。よいところもあるけど，知らず知らずのうちにだまされてしまうこともある。今日のキーワードの一つは，だまされない。そういうことです」

という言葉から始めました。そして，だまされないために，数学をうまく使おうというメッセージです。

　まずは，問題文を読み上げながら，電子黒板に iPad の画面を示しながら，確認します。

　「∠BAC を40°にしてみます。このとき∠BIC は110°です。何かわかった？」

　「…」

　「この後 iPad を配るので，ここにどんな関係があるのかを調べてほしいんです」

　「たくさん調べて，どうする？」

　「規則性を見つける」

　「そうだね，規則性を見つける。そのために何をする？動かすといろいろ表示されるけど，前の数字はどんどん消えちゃうよね。だから。…そう。表にまとめる。…グラフにする…いろんなことをすると，関係性がわかるんだね」

　表の書き方などを指示して，それぞれ４人のグループで測定などを進めていきます。△ABC は直角三角形であり，点 A は格子点しか動かないので，全員同じ値になるはずです。頃合いを見計らって，ある生徒に測定値を発表してもらい，板書にまとめました。

x	40	42	45	48	51	55	59	63	68	73
y	110	111	113	114	116	118	120	122	124	127

　「違う結果の人はいますか？」

　「０と132」

　「０？」

「0。x が 0」

「y が132」

この発言は想定外でした。本来，こんな値が出るはずが
ない。バグかもしれない（実際には P＝A となったときに
∠BAC が測定不能になり，0 が表示され，∠BIC の方で
は I が存在しなくなるのに伴い，一つ前の測定値がそのま
ま残って表示されるという現象＝バグ）。そこで，こんな
ことを言いました。

「これ，信用してよさそうかな？　どうだろう。いろん
なことがあるんだね」

「このソフト，僕がつくったので，ポンコツなところあ
りますから，信用していいところ，信用してはいけないと
ころとあるんだけど，例えば，このあと，これ，信用して
いいのかなというところを考えてみてほしいんです」

「きまりに注目した人で，何か困ったことがあったら，
発表してほしいんですけど。このグループは何か困ったこ
とあった？」

初対面の人が来て発言を求めているけど，正解かどうか
もわからないし，自信ないので，なかなか発言してくれま
せん。

でも，注目してほしいところに，注目してくれている。
何とか，それを引き出して共有したい。

「増え方に規則性が？　…例えばどんな感じ？　ちょっ
と言ってよ」

「x が 2 増えると」

「y が１増える」

「さっき，このことを言っていたよね。これがずっと続いていくのかなっていう感じだったよね。」

「（x は）42から45で３増えて…」

「42から45で３増える。あ，２じゃなくて３なんだ」

「（y は）111から113で２増えている」

「ここ（x が45から48に変わるところ）では，x は３増えて，y は１しか増えていない」

「y は１しか増えないね。おかしいね。おかしいね。…なんでおかしいんだと思う？」

「なんでだと思う？」

「要するに，ここはあの機械にだまされちゃいけないよって，そういうことなんですけど」

「だまされちゃいけない？」

「そこが大事なことです。とっても大事なこと」

「どこがあやしいと思う？　ちょっと言って」

「ぴったりになっていない」

「うん，そうだよね。ここは45ぴったりなんだよね。誰が測っても45」

「でも，42の方は，42じゃないかもしれない」

「本当は，42.123かもしれないし，41.567かもしれない」

「これ，四捨五入しちゃっているからね」

「だから，表の中には，正しくない数も混ざっているのかもしれない」

「どうすると，それがわかるんだろう」

「そこで，グラフにしたら，なにかきまりが見つかるかもしれないので，そちらに話をすすめていきましょう」

この時点で26分。思ったよりも時間がかかっています。

本当は，グラフにするといいんじゃないかというアイデアは生徒の方から引き出したかったのですが，冒頭に表とグラフという２つを出していたので，ちょっと強引にグラフを指示し，そちらの作業を始めました。

ここで，いくつかの想定外のことがありました。

まず，思ったよりも時間がかかる。中学３年生なので，点をプロットして，直線ぽいって思って線を引くのに数分でいかないかなと思ったのですが，それぞれの点をグラフ用紙の上にとるって，結構時間がかかる。しかも，目盛りをどうするかなどで迷っている生徒もいるから，指示する必要がある（そこは，ちょっと検討させたいと思ったので，目盛りは入れておかなかったのです）。

そして，それ以上に想定外だったのは，原点（０，０）を記入し，ここを通るようにするにはどうするかと迷う子もいれば，（０，132）を記入し，迷う子もいる。結構いろいろなグラフがグループごとに作成されていました。でも，これはある意味，活用できます。

35分になったので，議論することにしました。

原点とか（０，132）を含めて折れ線をかいているグループもありますが，

「全体としてはどんな特徴がある？」

「直線とか」

「傾きは？」

「$\frac{1}{2}$」

「グラフの方から考えると，$x=0$ のときにはどこを通るかな？」

「$y=90$」

「ということは，式にするとどうなる？」

「$y=\frac{1}{2}x+90$」

　もう45分を過ぎていたので，こういう会話を，ちょっと焦りながらしたのです。

　可能なら，この式を図形的に証明しようという流れも想定していたのですが，もはやそれは無理。そこで，授業として違う点に着地しようと判断しました。

「皆さんが考えた，$y=\frac{1}{2}x+90$　この式に当てはめて考えたときに，四捨五入の関係，なんかおかしいよという数字がいくつかあるんだ。気づくかな？」

「x をこの式に代入して，得られる y の値と違う結果になっているものって，どれだろう？」

「$x=40$のときに $y=110$は合っているよね」

「真ん中のグループの人たち，さっきいくつか言っていたよね。紹介して」

「45と113がおかしいです」

「どうおかしい？」

「45を代入すると，112.5」

「それを四捨五入しているから，113なんだね。これは納得か」

「48は半分にしても24。90足して114。セーフ」

「ということは，xがどういう数だとあやしいの？」

「奇数」

「そうだね。奇数だとこの式に代入すると，小数点以下に5が出て，繰り上がるから，この式ぴったりにはならない」

「正確に測っていても，四捨五入があるので，ぴったりした関係になるとは限らない。デジタルをそのまま信用しないようにしよう。ということで，今日の授業はおしまいにしましょう」

xの値が奇数，偶数で，四捨五入が発生するかどうかが変わるということを納得のポイントとして授業をおわりにする。そういう着地点を選んだのでした。

ただ，実は後日考えてみると，この表にある45はぴったり45ですが，例えば51のような数は，元々四捨五入されている数値であって，50.6かもしれないのです。そういう場合には，yとして得られる値は変わってくるのですが，今回の表の奇数は偶然，切り上げばかりになっているものだったという，冷や汗ものでした。

データに基づいて作業をすることは，たとえ中学生でもかなり時間がかかることを実感しました。分度器や定規を使ったときの測定誤差と比較して，作図ツールなどを使っ

たときには，ほぼ正確な測定値になるわけですが，それで
もデジタル固有の現象には敏感であってほしいと思いまし
た。

　今回は想定外の「$x=0$ のとき $y=132$」なんていうの
があったわけですが，数値を見て，「なんかおかしくない
か？」と思ってほしいし，「こんな図のときにそういう値
になったのですけど，どうなんでしょうね」と提示できる
くらいのたくましさまで育ってくれると，AI を使いこな
せる力量まで伸ばせるのではないでしょうか。

おわりに

　30年以上，数学教育にかかわる中で感じてきたことが，これから，どう変わるのかに注目しています。

　数学教育における ICT 利用の研究は，世界と比較してもスタートは決して遅れていませんでした。でも，30年前と実質的にはほとんど変わっていないように感じます。大学入学共通テストに代表される紙の客観テストで獲得できる得点が重要だからなのでしょうか。PISA をはじめとして，いろいろなテストが変わろうとしているのに。

　統計では，コンピュータの利用を前提とした目標が学習指導要領等に盛り込まれ，学習指導要領解説では図形の動的な探究など様々なコンピュータ利用が記述されましたが，現実はまだあまり変わりません。「ICT の整備状況は地域や学校によって違うから」と語られてきましたが，GIGA スクール構想で，全国の最低基準が一気に変わります。

　少子高齢化が，労働力不足という形で顕在化します。次世代の若手は，私たち2人分以上のパワーを発揮してほしい。基礎的な知識の他に，ICT を駆使する力も，チームとして連携できる力も，問題を感じ，語れる力も必要です。

　彼らの出発点としての学びには何が必要なのか，そのために数学の授業では何ができるのか。検討するチャンスです。

　私は，日本の教育の魅力の一つに，「授業」があると思

いますし，それは海外からも注目されてきました。私自身すばらしい授業を拝見することも，すばらしい協議会に参加することもしてきました。でも，先人たちが受け継ぎ守ってきた文化が，風前の灯火であるように感じるのです。

　私の勤務地の愛知県では，授業研究会が盛んでした。特に三河地区では研究活動が盛んで，週末には有志が集まって指導案の検討会を行うこともよくあり，熱心な協議がなされていました。30年前は，それが当たり前でした。

　その後，全国的に研修・研究は減りました。予算削減だけでなく，働き方改革に伴い，無理にしなくてもよいものと位置づけられていきます。自分が担当している子どもを放置して他校の授業研究にいくのは不適切など，様々な主張も重なります。他の先生方の授業を見たり，協議会に参加したりする機会は，激減しています。授業研究をしにくくなっていることは，日本の教育にとって大きな損失です。

　「よい授業」をするためには，先生方にゆとりが必要です。一方で，効率化・省力化できるはずのことでも，時間と労力を浪費せざるを得ない現実があります。学校に大量のタブレット PC が押し寄せ，新しい仕事，新しいリスク，新しい出費がたくさん生まれるのはかなわない。それでなくても忙しいのに…という空気があることも事実です。

　でも，やっぱり長期的に見たらチャンスなのだと私は思います。タブレット PC はバラバラの存在ではなく，クラウドシステムの端末としての存在ですから，それをきっかけに校務の情報化も進められ，様々な仕事の改変に結びつ

いていくのではないでしょうか。

それらの総体によって，特に期待するのは，教育という仕事は，とても知的で，創造的で，AIには代替が難しく，とても21世紀的でやりがいのある仕事だということを，実感できるようになっていくのではないかということです。

ネットワーク接続されたタブレットPCがすべての子どもの手元にあるということは，アイデア次第でいろいろなことが可能になることを意味しています。生徒の習熟をサポートしたいと思ったら，先生が放課後に指導する方法の代替選択肢として，学習支援システムでの学びを考えることもできます。子どもが少ない山間部で，他の子どもたちとの交流をしたいと思ったら，連携校さえつくれば，それをテレビ会議の端末として使ってやり取りをするという選択肢をつくることもできます。発表や表現を工夫させたいと思ったら，そういうデバイスとして使うこともできます。

地球温暖化のための分析をしたいと思ったらネットを経由して，どこかの測定値や映像を集めてくることもできます。ハンデキャップがある子にはその障害を軽減するツールとして使うこともできます。ブラウザとネットワークさえあれば利用可能であるようにソフトやシステムを開発しさえすれば，どの学校のどの生徒にも実行可能な選択肢を提供できるのです。そして実際に，どういう学びが適切かを検討・選択し，実施する主体こそが，先生方なのです。

風前の灯火の授業研究会や研修も，オンラインで取り組めるノウハウも蓄積しているところですが，手ごたえは十

分にあります。私のホームページ http://www.auemath.aichi-edu.ac.jp/teacher/iijima/iijima.htm にアクセスしてみてください。AUE アカデミックカフェ（2020/12/15）を模擬授業的に行いましたが，そのときに Zoom で配信した映像を公開しています。本書で書いているライブ感覚を，一つの例に過ぎませんが，様々な研修などで実現できる未来がきっと実感できると思います。GIGA スクール構想は授業用端末ですが，一緒に先生方自身の仕事の仕方全般を大きく変えるチャンスが目の前に広がっています。

　本格的になるのは，10年後かもしれません。でも，今でも可能なこともあるのです。教科書の図形の問題について，検討してみる。たったそれだけでも，今までとは違った景色があります。いろいろな授業を実現する可能性もあります。

　本書ではそのような出発点を提案しました。それをさらに広げていく中で，カリキュラム・マネジメントなどを不可欠なものとして実感できるようになるでしょう。多くの先生にとってそのような活動が当たり前のものに変わっていくと，教えるべきことをいつも同じように教える仕事としてではなく，学びを設計し，実現する専門職としての教職の魅力を一般の方々にも理解してもらえるようになると思います。

　ぜひ，このチャンスを一緒に生かしていきましょう。

【著者紹介】

飯島　康之（いいじま　やすゆき）

1959年埼玉県生まれ，筑波大学第一学群自然学類卒業，同大学博士課程教育学研究科単位取得退学（教育学修士）。1987年上越教育大学助手，1989年愛知教育大学助手。1989年に作図ツール Geometric Constructor（GC）の DOS 版を開発。その後，Windows 版，Java 版を経て，最新版は GC/html5（2010-）。現在，GC/html5は著者のサーバで自由に使える他，啓林館のデジタル教科書のコンテンツにも利用されている。

教材開発，コンテンツ開発，授業研究など中心に共同研究を行い，2005年に日本科学教育学会から，科学教育実践賞を受ける。2016-2018年愛知教育大学附属高等学校校長（兼任），2020-2021年愛知教育大学自然系学系長。現在，愛知教育大学教授として，学部・教職大学院・大学院博士課程（静岡大学との共同研究科）を担当。

ＩＣＴで変わる数学的探究

次世代の学びを成功に導く７つの条件

2021年6月初版第1刷刊　Ⓒ著　者	飯　　島　　康　　之	
2022年5月初版第3刷刊　　発行者	藤　　原　　光　　政	

発行所　明治図書出版株式会社

http://www.meijitosho.co.jp

（企画・校正）赤木恭平

〒114-0023　　東京都北区滝野川7-46-1
振替00160-5-151318　電話03(5907)6701
ご注文窓口　電話03(5907)6668

＊検印省略　　　　　組版所　株式会社アイデスク

Printed in Japan　　　　　　ISBN978-4-18-324425-3

もれなくクーポンがもらえる！読者アンケートはこちらから→